産業・組織心理学

山口裕幸

産業・組織心理学（'20）

装丁・ブックデザイン：畑中　猛

s-25

まえがき

　人間はより豊かで幸福な生活を実現するために，狩猟や農業に始まり，衣服を仕立て，家屋を建築し，物品を運輸する等，さまざまな産業活動を生み出し，携わってきた。産業活動への取り組みは，いかにすれば，生産性高く，効率よく成果を上げることができるか，という問いにつながった。また，産業活動が多くの人間が集まって組織的に運営されるようになってくると，組織という環境のもとで働くときに，いかにすれば，人間は高いモチベーションと充実感を得て幸福に働くことができるか，という問いにもつながった。産業・組織心理学は，こうした問いへの答えを模索しながら発展してきた。

　本書は，産業・組織心理学における4つの領域，すなわち，組織行動，人的資源管理，安全・衛生，消費者行動をカバーしながら，15章で構成されている。基本的に，これから就職活動を行い，組織で働いていく人々の視点に立って，順序立てて各章のテーマを設定している。具体的には，第1章では，産業・組織心理学の歴史とテーマを概観して，全体像を把握する。第2章では，就職活動に関連の深い「採用とアセスメント」を取り上げ，続く第3章では「キャリアの展開と育成」に焦点を当てて考えていく。第4章では，やる気を高めて働くためには何が大事になるのか「ワークモチベーション」をテーマに取り上げて説明していく。第5章では，人事評価をテーマに，働く人々の頑張りを公正に評価するために必要となる工夫について論じていく。

　職務生活が続いていくと，職場のリーダーや管理者を任されるようになる。そうしたキャリア発展を視野に，第6章では管理者の「リーダーシップ」について論じる。さらに第7章では，「職場の対人関係と組織文化」について考え，続く第8章では，組織のメンバー皆で力を合わせて働くための鍵を握る「組織の情報処理とコミュニケーション」の特徴について解説していく。ここまでの前半は，組織行動および人的資源管理の領域に該当するテーマである。

4

後半に入ると，最初の３つの章は，安全・衛生の領域のテーマを取り上げる。第９章は，仕事の能率を高めつつ，安全を確保するためにとられている施策について，人間の心理や行動の特性を踏まえながら解説する。続く第10章では「職場のストレス」をテーマに取り上げる。疲労やストレスがどこから生まれてくるのか，いかに対処するとよいのか考える。この問題と関連して，第11章では「職場のメンタルヘルス対策」をテーマとして，具体的な対応策を紹介していく。

４つめに取り上げる領域となるのが消費者行動である。第12章では，「消費者行動とマーケティング」をテーマに，消費者行動の基礎理論を紹介しつつ，それがマーケティングや宣伝に生かされているようすを紹介する。第13章では，「消費者の購買意思決定過程」をテーマに，我々がいかなる基準のもとに購入する商品を意思決定しているのか，理論に基づいて説明する。さらに第14章では，近年，行動経済学として注目されることの多くなった「消費者の購買意思決定における非合理性」について考えていく。人間が無自覚のうちに行っている認知過程に潜む心理バイアスに注目しながら論じていく。

そして，最後に第15章では，「産業・組織心理学の実践と応用」と題して，将来において社会が直面することになると思われる問題を取り上げ，産業・組織心理学の研究が取り組むべき課題と，その実践的応用の在り方について論じる。

産業・組織心理学は，幸福に働くことと密接に結びついたリアリティの高いテーマを研究する領域である。個々の職場や個人はすべて個性を持った多様な存在であるが，それらに共通する特性や変化・成長のメカニズムを理論的に理解することと，現実に即して実践的に問題解決を図ることを，常に関連づけながら理解していく視点が大事になる。

本書が，産業・組織心理学の領域全体の知識と理解，そして，実践的な視点の習得に役立つことを担当者一同，願っている。

令和元年11月
担当者代表　山口裕幸

目 次

15 ｜産業・組織心理学の実践と応用

｜山口裕幸　　219

1 | 産業・組織心理学の歴史とテーマ

山口裕幸

《目標＆ポイント》　本章では，まず，産業・組織心理学の研究が始まり，発展してきた歴史を振り返りながら，それを学ぶことの意義について解説する。そして，産業・組織心理学の研究領域を「組織行動」，「人的資源管理」，「安全衛生」，「消費者行動」の４つに整理して，それぞれの領域の特徴と中心的なテーマを説明していく。本章の学習目標は，産業・組織心理学を学ぶ意義を理解し，その研究テーマを，現実場面でみられる具体的な現象と関連づけながら，体系的に把握することである。
《キーワード》　科学的管理法，ホーソン研究，オープン・システム・アプローチ，組織行動，人的資源管理，メンタルヘルス，安全管理，消費者行動

1. 産業・組織心理学の歴史とその意義

（1）産業・組織心理学が生まれた社会的背景

　心理学自体，その本格的研究は，始まって200年に満たない若い学問である。19世紀後半，人間の心のありようについて，哲学のように「考え抜く」アプローチよりも，自然科学のように「証拠を示して仮説の正しさを証明する」アプローチを重視する心理学は急速に台頭した。その学術潮流の中で，20世紀初頭からアメリカを中心にして活発な産業心理学の研究が行われるようになった。ほとんどの産業活動が組織的に行われるようになったことを反映して，1960年代くらいからは，包括的な産業・組織心理学の学術分野が確立されていった。

　19世紀末〜20世紀初頭のアメリカ社会では，産業革命によって実現した大量生産技術が，より一層発展しつつあった。かつては職人一人ひとりがその技能を生かしてこつこつと生産していた衣服や靴，食品や家庭用品，家具や建物も，次第に工場でたくさんの従業員が役割を分担しながら生産する方式の方が主流になりつつあった。

　次々と現れた企業組織の経営者たちは，できるだけ多くの利益を得るために，効率性や生産性を高める方法に加えて，生産した製品をより多く販売する方法を工夫することに精力的に取り組んだ。こうした取り組みは，組織の効率的な経営に関する研究の活性化につながり，今日に至るまで，組織を効率的に健全に経営するための検討は連綿として続いている。

　100年余りに亘る検討の過程で，「組織とは何か」を考える組織観と，そこで働く人間のとらえ方には変化がみられる。その変化を知ることは，産業・組織心理学の歴史を理解するための柱になる。そこで，本章は組織観の歴史的変遷を軸に産業・組織心理学の歴史を振り返ることにする。

（2）19世紀末〜20世紀初頭の組織観と産業・組織心理学

　産業・組織心理学の黎明期であるこの時期，大きな影響を及ぼした研究者として，スコット，W.D.，ミュンスターベルク，H.，テイラー，F.W.を挙げることができる。著書『広告心理学』（Scott, 1903）を世に送り出したスコットは，作業能率を高めるために活用できる心理学的手法を検討し，実際に第一次世界大戦において，アメリカ陸軍の兵士や司令官を軍務熟練度で分類して，適切な人員配置に貢献した。

　ミュンスターベルクは，ドイツで生まれ，実験心理学の父と呼ばれるヴントのもとで学んだ後，アメリカに渡り，ハーバード大学で教鞭をと

った。彼は，心理学の応用に関心を寄せ，電話交換手や電車運転士を対象にした適性検査を実施したり，労働者の疲労とその回復，学習能力や仕事の正確さ，事故を起こす傾向等を検討したりした。そして，著書『心理学と産業能率』（Münsterberg, 1913）を出版し，自分の取り組みは，①可能な限り最適な人間（best possible man），②可能な限り最良の仕事（best possible work），③可能な限り最高の効率（best possible effect）をめざすものであると論じた。

　もともとフィラデルフィアにあった製鋼所の技術者であったテイラーは，会社の生産性を増大させ，かつ労働者の賃金を上げるための方法について，厳密な測定を取り入れる手法を開発し実践した。例えば，一人の労働者が一日に生産する製品数を数えたうえで，標準的な生産数を定め，それを基準として労働者の生産性の高低を評価し，報酬に反映させる方法を開発した。また，生産工程における作業を分類し，各作業にかかる時間を測定して，標準的な作業時間を算出したり，効率的に作業を行うための標準的な手順を定めたりして，生産現場に導入した。著書『科学的管理法の原理』（Taylor, 1911）に述べられた彼の考え方は，現代の経営管理論や生産管理論の基礎となって，経営者たちに大きな影響を与えた。

　彼らの研究や理論は現在に至るまで大きな影響をもたらしているが，その組織観は，組織を精密に設計された機械のようにとらえたものといえる。より生産性を高く，正確に作業を行わせるための技法を開発しようとする背景には，人間を組織という大きな機械の部品のようにとらえる考え方が存在する。そこには，報酬と罰でコントロールできると考える単純な人間観も併せて垣間見ることができる。

（3）ホーソン研究による組織観のパラダイム・シフト

1920年以降になると，科学的管理法に基づくアプローチはアメリカ社会に広く浸透して，生産性向上をめざして，組織現場で多種多様な実験が行われるようになった。その中で，シカゴ郊外のホーソンにあったウェスタン・エレクトリック社においてなされた一連の現場実験が，当時としては意外な視点をもたらすことになった。

このホーソン研究と呼ばれる取り組みは，メイヨー，E.やレスリスバーガー，F.らが中心となって，物理的な作業条件（照明の明るさ，室温，賃金等）と従業員の作業能率との関係性を明らかにするために1924年から1932年まで行われたものである（Mayo, Roethlisberger, & Dickson, 1939）。

例えば，部屋の照明を明るくすると確かに作業能率は高まったが，意外にも，暗くしても従来よりも高い作業効率が見られた。また，電気部品を組み立てる6人の女性従業員の集団を対象にして，賃金，休憩，おやつ，室温，部屋の湿度などを変えながら作業能率を計測したが，これらの物理的条件の変化の影響は見られなかった。むしろ興味深いことに，物理的条件を元の悪かった条件に戻す変化を行っても，作業能率の上昇傾向は変わりなく見出されたことであった。時間経過とともに作業能率が上昇する現象は，一貫していたのである。

メイヨーらは，この他にも従業員の面接を行ったり，職種の異なる従業員でグループを作って電話交換機の部品の配線作業を行う実験を行ったりして，こうした予想に反する結果が見られた理由を検討した。その結果，労働者たちの作業能率は，照明や賃金や室温のような客観的な物理的条件よりも，仲間との連帯感のような職場の人間関係や，責任を持って仕事をやり遂げる目標意識や誇りのような情緒的な要素によって大きく影響を受けるのではないかという仮説を提出するに至った。

　ホーソン研究は，当時，主流となっていた科学的管理法の考え方に問
題を提起するものとなった。研究手法や結果の解釈には批判や異論もあ
るが，組織で働く人間を機械の部品としてとらえる観点から脱却し，仲
間との連帯感や仕事への責任感や誇りといった感情を持つ存在としてと
らえる観点へと変化させた影響は大きい。ホーソン研究を契機に，科学
的管理法が主流だった組織経営管理論は，メイヨーの提唱する人間関係
論の視点が重視されるようになり，組織経営学にとって大きなパラダイ
ム・シフトをもたらした。

（4）人間関係論的アプローチの隆盛

　人間関係論的なアプローチは，職務への動機づけのメカニズムに関す
る研究の発展をもたらした。そして，動機づけの源泉となる欲求の分類
や職務動機づけを高めるための目標設定の効果に関する研究，さらには
職務満足感や組織コミットメントに関する研究へと広がっていった。ま
た，政治学や社会学で研究されていたリーダーシップに関する研究は，
レヴィン，K.が提唱して発展したグループ・ダイナミックス（Lewin,
1947）の影響もあって，組織における効果的なリーダー行動に関する研
究に発展した。人間の心理や行動の特性に着目した多様な研究の活性化
は，産業・組織心理学の発展への扉を開くものとなった。

　人間関係論的アプローチに強力な推進力をもたらしたものとしてマズ
ロー，A.H.の人間性心理学を挙げることができる。彼は著書『人間性の
心理学』（Maslow, 1954）の中で，人間の欲求の段階説を唱え，「自己
実現の欲求」を最も高度で人間らしい欲求であるとした。これは我々が
仕事を通じて自己の能力を発揮していくことを基本的に欲していること
を主張するものであり，人間性の中にこそ，働くモチベーションは存在
するという考え方を明確に示して，人間行動に注目する組織行動研究の

流れを確固たるものにした。

（5）脳のイメージへと拡張する組織観

　1950年代からさかんになった人間の情報処理過程に関する研究は，70年代に入ると認知革命とも呼ばれるほどに発展し，組織における意思決定やコミュニケーション行動への関心も高まった。その頃すでに，サイモン，H.A.が『経営行動』（Simon, 1947）を，サイモンとマーチ，J.が共著で『オーガニゼーションズ』（Simon & March, 1958）を出版し，論じていた理論が，この流れの中で大きな影響をもたらした。

　彼らは，組織を構成する人間は誰もが意思決定者であるという観点に立って，組織の意思決定は，感情に影響された非合理的決定がなされやすいことに着目した。そして，人間の認知能力に限界がある以上，組織の意思決定は「限定された合理性」しか持たず，現実的な満足を得るための決定がなされやすいことを指摘した。この指摘は，組織を脳のイメージでとらえる組織観の形成に繋がり，組織ではより合理的な意思決定が必要であるとの観点から，さまざまな合理的選択理論の発展をもたらした。

（6）環境への適応を重視するオープン・システム・アプローチ

　1980年代に入ると，第二次世界大戦以降続いてきたアメリカ対ソ連の対立を基軸とする冷戦構造は終焉を迎え，世界は大きな変動期を迎えた。1990年代に入ると，激しく変動する社会にあって，いかにして持続可能な組織経営を行うのかが，重要な課題としてクローズアップされてきた。カッツ，D.とカーン，R.は，著書『組織の社会心理学』（Katz & Kahn, 1978）の中で，組織を環境に開かれたオープン・システムとしてとらえる視点を提示した。この視点提起は強いインパクトを持って受

け入れられ，組織も環境に適応して適切に変革していくべき存在として
とらえる組織観が主流になっていった。併せて，複雑系科学の台頭の影
響もあって，メンバーどうしの相互作用によって創発される組織の文化
や風土といった全体的な特性への注目も高まった。

　オープン・システム・アプローチは，進化論的視点に立つ組織観とい
えるが，21世紀に入ると，単に環境の変化に適応する受身的な視点だけ
でなく，1990年代からセンゲ,P.が提示していた「学習する組織論」
（Senge，1990）の視点，すなわち経験したことを組織として学習する
自律的な存在として組織をとらえる組織観も注目を集めるようになって
きた。

（7）産業・組織心理学を学ぶ意義

　かつては機械の部品のようにとらえられていた組織の中の個人は，変
動する社会に組織として自律的に適応していくために，考え，コミュニ
ケーションをとり，チームで学習していく存在として期待される時代を
迎えている。行動科学，特に心理学の視点を生かした産業活動，組織活
動の適切な理解と問題解決は，ますます重要な役割を担うようになって
いるといえるだろう。

　産業・組織心理学を学ぶことは，組織で働く人間の心理と行動をより
よく理解し，優れた効率性と生産性をもたらす人材やチームの育成の在
り方や，安全に健康に働くことのできる環境をいかにして整備していけ
ばよいのか，的確に検討を進めたり，生産された製品が広く社会に受け
入れられるように工夫を凝らしたりするうえで，重要な知識と視点を獲
得することにつながる。学校に通う生活を送った後には，多くの人が，
組織に所属したりあるいは組織を経営したりしながら仕事に従事する生
活を長期に亘って送ることになる。我々が，充実した仕事に従事する生

活を送り，またその基盤となる組織経営を効果的なものとするために，産業・組織心理学の学びは大切な視点をもたらすものになるだろう。

2. 産業・組織心理学を構成する４つの領域

（1）改めて，産業・組織心理学とはいかなる学問か

　産業・組織心理学は，働く人間の心理や行動を明らかにすることを基盤に，より生産的で効率的，また安全で健全な産業活動や組織活動の実現に寄与する科学的検討を行う学問である。産業活動に従事するときは，個人単独で働くときもあるが，集団で働くことも多い。集団で働くときは，仕事がはかどり，生産性が高まるように，メンバーどうしで役割を分担して，コミュニケーションをとりながら，組織的に行動をとるように工夫する。したがって，組織の一員として働くときの個人の心理や行動の特性に加えて，組織全体として集団に見られる行動や現象の特性を明らかにする取り組みも，産業・組織心理学の重要な目的である。

　産業活動では，生産性や効率性を高めることは，真っ先に注目される重要な課題である。機械であれば指示・命令すれば思い通りに動かすことも可能であろう。しかし，働くのは心を持った人間たちであり，能力や性格には個性があって，それが職務に適合しているかは重要な問題である。さらに集団で働くときには，周囲のメンバーとの対人関係やリーダーのとる言動，集団で共有される価値観や判断基準等によって，個人および集団の効率性や生産性は影響を受ける。産業活動，組織活動に従事するときの人間の心理や行動の特性を明らかにしつつ，その理解に基づいて，人事評価や職務配置を適切に調整することは重要な課題である。

　もちろん，生産性や効率性だけでなく，働く人々の心身の健康や職務遂行における安全性を確保することも重要な課題である。さらには，産

業活動は，単に生産・供給すれば終わりではなく，需要を喚起し製品が消費されることでサイクルが回ることにも視野を広げておかねばならない。市場の動向や消費者行動の特性を明らかにして把握する取り組みも，産業・組織心理学の重要なテーマである。

　このように産業・組織心理学は，実に多様な領域に広く渡って研究がなされているが，整理されて大きく4つの領域に分類されている。産業・組織心理学がいかなる学問なのかを理解するために，その分類される4つの領域の特徴と中心的なテーマについて概説していこう。

（2）組織行動（organizational behaviors： OB）の領域

　組織行動とは，組織の中の人間行動を意味する専門用語であり，組織に所属する人々の行動の特性やその背後にある心理，あるいは人々が組織を形成し，組織としてまとまって行動するときの特性を明らかにしようとする学問領域のことである。組織行動の領域では，組織やチームの一員として活動する個人の心理や行動の特性に焦点が当てられる。ただし，個人レベルの心理・行動だけでなく，組織やチームといった集団レベルにみられる行動や心理学的現象も重要な研究対象であることに留意しなければならない。

　具体的な研究テーマとしては，個人の仕事へのやる気（ワークモチベーション），職務満足感，処遇の公正感，パーソナリティ，技能習得，個人および集団の意思決定，職場の人間関係，葛藤調整，対人的コミュニケーション，組織適応，ストレス，チームワーク，リーダーシップ，組織文化，など多様性に富んでいる。

　組織行動の領域は，行動科学，心理学の手法を使って，組織の中の個人が，どのような心理や行動の特性を示すのかを明らかにする基礎的で理論的な研究が主体となっている。これらの科学的知見は，以下に紹介

する人的資源管理や安全衛生と深く関係しており，それらの研究の基盤を支える関係にあるといえる。

（3）人的資源管理（Human Resource Management： HRM）の領域

　組織が保持する経営資源に関しては，一般に「ヒト，モノ，カネ，情報」という表現が用いられることが多い。この中の「ヒト」に該当する人的資源の管理の在り方について検討し，組織の経営目標の達成のために人的資源を活用できるように制度設計を行い，運用する方法を明らかにしていくことが人的資源管理の課題である。労務管理（labor management）や人事管理（personnel management）と呼ばれることもある。いずれも優れた商品・製品を作り，生産性を上げ，利益を高め，社会に貢献するために，労働者や人材を有効活用する活動を意味する。

　人的資源管理は，人事評価や人事処遇，あるいは人材育成等，組織経営の鍵を握る活動を研究する領域であるといえる。この領域では，従業員の募集，採用から昇任，退職に至るまでの一連の人事活動すべてが研究テーマに取り上げられる。

　具体的な研究テーマとしては，募集・採用，適性評価，面接評価，人材の配置や異動，キャリア・デザイン，キャリア開発，教育・研修・訓練の企画と実施，人事考課と昇進・昇給の処遇，労働時間の管理，退職制度の設計等，多様に取り上げられている。

　いかなる業績評価や処遇が，人間の働く意欲を強化し，組織の高い効率性や生産性につながるのか明らかにしたり，効果的な人材育成方法について検討したりする分野として位置づけられる。ここでも働く人間の心理や行動の特性を把握したうえで検討することが大事であり，人的資源管理は組織行動の領域と密接に関連する領域である。

（4）安全衛生（Health and Safety： HS）の領域

　安全衛生は，働く人々の安全と心身両面の健康を保全し促進するための方略について研究する領域である。働く人の安全を守り，心身の健康をケアするための効果的な方法を求めて，知覚心理学や人間工学，認知心理学，臨床心理学をはじめとして多様な観点から検討する分野である。

　具体的な研究テーマとしては，作業能率や仕事の品質を高める方策，ヒューマンエラーや不安全行動を未然に防ぐ職場の安全管理，疲労やストレス，ワークロードが仕事に及ぼす影響の解明，ワーク・ライフ・バランスを健全に保ちソーシャルサポートを促進する方法の検討，適切なストレスマネジメントと労働環境アセスメントおよび従業員支援方略の検討，さらには各種メンタルヘルスの確保方略の検討等が挙げられる。

　かつては，職務遂行中の危険から働く人々を守る安全管理が重要な研究課題であったが，近年，燃え尽き症候群や過労死，うつ病等の痛ましい事例が多数報告され，職場のハラスメントの問題も顕在化して，メンタルヘルスをめぐる問題解決の取り組みの重要性が増している。併せて，モラルの欠如・衰退がうかがわれる組織不祥事も後を絶たず，コンプライアンス（法令遵守）の取り組みも大事になってきている。

　また，先進諸国に大きく後れをとっている女性の社会進出を促進するための労働環境の整備や，障がいを持つ人々が一緒に安心して働くことのできるバリアフリーの職場環境の実現，さらには国籍や文化の異なる人々を協調して働く多様性受容環境の構築等も喫緊の課題となっている。安全衛生の領域の研究は，今後，さらに重要性を増しながら，より多様な研究テーマと向き合うことになるだろう。

（5）消費者行動（Consumer Behavior：CB）の領域

　産業が栄え，組織経営の持続可能性を高めていくためには，社会の人々から必要とされ，欲しがられる商品や製品を作り出して，購買意欲を喚起し，販売を拡大し，利益を上げていくことが必須の課題である。何を欲しいと感じ，どれを購入するか意思決定するプロセスは，気まぐれに左右されたり，友人の言動に左右されたり，口コミに影響されたりする。しかし，優れたマーケティングを行うことによって，人気の高い商品を世に送り出すことが可能になる。消費者行動の領域は，どんなときに購買意欲が高まるのか，消費者心理と購買行動の特性を明らかにしたり，いかなる宣伝が消費を促進するのか，宣伝・広告の効果を研究したりする取り組みを中心とする領域である。

　具体的なテーマとしては，社会的態度と購買行動の関係性，価値判断と心的会計（心理的財布理論），購買意思決定とヒューリスティックス（プロスペクト理論，双曲割引等），ブランド・ロイヤルティ，口コミ，ネットショッピング，悪徳商法等が挙げられる。

　販売促進方略も単なる値引き戦術だけでなく，商品購入時にポイントを付与する戦術が多く利用されている。消費者の好みは，直接値引きとポイント付与のいずれかに偏るのではなく，状況に応じてどちらを選択するか使い分けることも分かってきている。購買意欲を刺激し，販売を促進するには，いかなる宣伝・広告が効果的で，どのような販売戦術が適切なのか，高い関心を集める領域となっている。

引用文献

Katz, D., & Kahn, R.L.（1978）. *The social psychology of organizations.* New York : Wiley.

March, J.G., & Simon, H.A.（1958）. *Organizations.* Oxford, England : Wiley.（マーチ, J.G., & サイモン, H.A.　土屋守章（訳）（1977）. オーガニゼーションズ　ダイヤモンド社）

Maslow, A.H.（1954）. *Personality and motivation.* Harlow, England : Longman.（マズロー, A.H.　小口忠彦（監訳）（1971）. 人間性の心理学—モチベーションとパーソナリティ　産業能率短期大学出版部）

Mayo, E., Roethlisberger, F., & Dickson, W.（1939）. *Management and the worker.* Cambridge. MA : Harvard University Press.

Münsterberg, H.（1913）. *Psychology and industrial efficiency.* Houghton Mifflin Company, Cambridge.　Boston : The Riverside Press.（ミュンスターベルク, H.　鈴木久蔵（訳）（1915）. 心理学と産業能率　二松堂書店）

Scott, W.D.（1903）. *The theory of advertising : A simple exposition of the principles of psychology in their relation to successful advertising.* Boston : Small, Maynard and Company.（スコット, W.D.　佐々木十九（訳）（1924）. スコット広告心理学　透泉閣書房）

Senge, P.（1990）. *The fifth discipline : The art and practice of the learning organization.* Doubleday/Currency.（センゲ, P.　守部信之（訳）（1995）. 最強組織の法則—新時代のチームワークとは何か　徳間書店）

Simon, H.A.（1947）. *Administrative behavior. A study of decision-making processes in administrative organization.* Macmillan.（サイモン, H.A.　松田武彦・高柳暁・二村敏子（訳）（1965）. 経営行動　ダイヤモンド社）

Taylor, F.W.（1911）. *The principles of scientific management.* New York : Harper & Brothers Publishers.（テイラー, F.W.　上野陽一（訳）（1969）. 科学的管理法の原理　産業能率短期大学出版部）

22

参考文献

産業・組織心理学会（編）（2009）．産業・組織心理学ハンドブック　丸善出版（産業・組織心理学の重要トピックを幅広く取り上げて，簡潔に説明してある。広く深く学ぶのに適している。）

山口裕幸・高橋潔・芳賀繁・竹村和久（2006）．経営とワーク・ライフに生かそう！　産業・組織心理学　有斐閣アルマ（各領域の専門家による解説をバランス良く配置してある。産業・組織心理学についてもう少し詳しく学ぶのに適している。）

金井壽宏・高橋潔（2004）．組織行動の考え方　東洋経済新報社（経営学と組織心理学の関係性を軸に解説している。産業・組織心理学についてより高度な内容を学ぶのに適している。）

学習課題

1．産業・組織心理学の歴史において，現場で働く人たちがどのような存在としてイメージされてきたのかを中心に，組織観の歴史的変化を具体的に説明しなさい。

2．産業・組織心理学を4つの領域に分類して，それぞれの領域における重要テーマについて簡潔に説明しなさい。

2 | 採用とアセスメント

柳澤さおり

《**目標&ポイント**》 本章では，採用選考の目的，組織が求める人材，採用選考の進め方，選考の際に用いられるアセスメント技法の特徴を解説する。学習目標は，採用選考を通して応募者が組織のメンバーになるプロセス，および応募者の諸側面をアセスメントする技法を総合的に理解することである。

《**キーワード**》 採用選考，KSAOs，P–J fit，P–O fit，アセスメント技法，面接，職務分析

1. 採用選考の枠組み

（1）採用選考の目的と日本の採用選考の特徴

採用選考の目的は，仕事で成果を上げることによって組織の目標達成に貢献できる人材を組織に充足することである。

日本における採用選考は，正規の就労経験がない新規学卒者をまとめて集中的に採用する新規一括採用が主流である。理系の学生は，専門的な知識やスキルが重視されることも多いが，文系の学生は，学部等で受けた教育内容や専門性が採否の決め手になることは少ない。日本企業の多くは，従業員の長期雇用を前提とし，職務の異なる部署間の配置転換（営業部門→企画部門など）や企業内の教育訓練を通して，ジェネラリストとして企業に貢献することを従業員に求める。したがって，文系の新規学卒者については，組織内のどのような職務でも一定以上の成果を上げるために必要な汎用的な能力の保有，教育訓練や職務経験による成

長の可能性に着目した採用が行われる。日本企業は一般的に「コミュニケーション能力」,「主体性」,「チャレンジ精神」,「協調性」,「誠実性」を新卒採用の際に重視することを日本経済団体連合会が毎年実施する調査は明らかにしているが,これらが汎用的な能力やパーソナリティと想定されていると考えられる。

　一方,日本での中途採用や欧米諸国の採用においては,特定の職務を担う人材が募集されることが多い。この場合には,職歴のある者は過去の職務経歴や職務での実績,そして専門的な知識やスキルが,新卒者は大学での専攻や専門知識,募集対象の職務と関わるインターンシップの経験などが採用選考で重視される。

（2）組織が求める人材

　すでに述べたように,組織は仕事で成果を上げ,組織目標の達成に貢献できる人物を求めている。成果は,個人の知識,スキル,能力,性格,仕事に関わる価値観などの KSAOs (Knowledge, Skills, Abilities, Other Characteristics)[1] である「個人要因」と,仕事内容,運,上司のリーダーシップ,組織風土などの「環境要因」の双方が相互に影響して生み出される。採用選考では,個人要因のアセスメントが中心に行われる。ただし,個人要因だけでなく,個人と仕事や組織との適合性についても考慮される。

【P-J fit と P-O fit】　採用選考で検討される適合性は,個人―職務適合 (person-job fit；P-J fit),個人―組織適合 (person-organization fit；P-O fit) である。P-J fit は,個人の知識,スキル,能力が仕事で求められることに合致していることや個人の欲求や志向と仕事とが適合している

---

1)　日本では適性という言葉が使われることが多い。適性は,特定の対象や事柄（環境要因）に個人特性が適していることを指す概念であるが,採用選考で用いられるアセスメント技法の多くは,個人特性（KSAOs）のみをアセスメントしている。このことから,本章では適性という言葉の代わりに,諸外国でも一般的に使われている KSAOs という用語を用いる。

ことに関わる概念である（Edwards, 1991）。P-O fit は，個人が組織に求めること（給与，心理的支援，成長の機会など）と組織が個人に求めること（時間，コミットメント，知識，スキルに関わる個人の貢献など）が充足されることや個人と組織との間の価値観や目標などの類似性を含む（Kristof, 1996）。P-J fit は職務満足感の高さと，P-O fit は組織コミットメントの高さや離職率の低さと関係している（Kristof-Brown, Zimmerman, & Johnson, 2005）。クリストフブラウン（Kristof-Brown, 2000）は，採用選考の面接において，面接者は P-J fit と P-O fit を区別して，応募者を評価することを明らかにしている。今城（2005）も面接者の評価に応募者の P-O fit が影響することを示唆している。

（3）採用選考の進め方

　採用選考にあたっては，採用計画の策定，採用活動のための準備，募集と選考という段階を経て採用者が決定される。

　採用計画では，どのような KSAOs を保有する人物（人材要件）を何名程度採用するのかを決定する。人材要件については，日本の新卒採用のようにジェネラリストを求める場合には，抽象的な内容になってしまう。一方，特定の職務を遂行できる人物採用の場合には，職務分析[2]を基に明らかにされた職務の遂行に必要な KSAOs に基づいて人材要件を決めることが可能になる。

　採用活動の準備段階では，採用戦略の策定や選考に用いるアセスメント技法の選択，採用基準の策定などが行われる。ここで策定された採用戦略に沿って，募集が実施される。

　募集段階においては，就職情報サイトへの掲載，企業説明会，SNSなどを通じて，募集する人材要件などを広報する。この広報により，選考の対象となりうる集団である母集団が形成される。募集と選考の過程

---

2)　職務の内容や難易度，職責，職務の遂行に必要な知識やスキルなどについての情報を収集し，それらを明らかにする手法。

で，応募者に仕事や組織について良い面だけでなく悪い面も含めた現実の仕事情報を伝える RJP（Realistic Job Preview）という手法が用いられることがある。RJP により，組織や仕事のネガティブな側面も受け入れたうえで応募する，組織や職務に適合性の高い応募者の母集団を形成できる。また，入社後の理想と現実のギャップを小さくすることもできうる。アーネストら（Earnest, Allen, & Landis, 2011）は，RJP は離職には効果がないが，応募者が組織の誠実さを高く評価することや応募者が担う仕事の役割を明らかにする効果があることをメタ分析によって明らかにしている。金井（2011）もこれと類似した結果を示している。

　選考は，次節に示す複数のアセスメント技法を用いて行われ，通常は最終面接により採否が決定される。採否の決定後，選考プロセスの振り返りや組織に入った後に収めた採用者の成果の検証をもとに，将来の採用選考に向けた修正等を行う必要がある。

2. アセスメント技法

　組織に入った後に収めうる成果を予測するために，あるいは P–J fit や P–O fit の判断のために，採用選考では応募者の KSAOs をさまざまな技法を用いてアセスメントする。アセスメント技法は，測定できる KSAOs の種類，広さや深さ，環境要因の影響を受ける程度などが異なる。そのため，複数のアセスメント技法を用いて総合的に応募者の KSAOs をとらえることが望ましい。

（1）書類選考

　成績証明書，履歴書，エントリーシート（会社独自の応募用紙）などの書類を基に，組織が求める基本的な人物要件を満たしている応募者を

選び出すのが，書類選考の目的である。提出された書類は，面接におけ
る資料としても用いられる。鈴木（2016）は，面接の合格群と不合格群
とでは，エントリーシートの内容に差異がみられることを明らかにして
いる。

（2）検査

　採用プロセスの初期の段階で，標準化された質問項目への解答（回
答）や作業の遂行により能力や性格を測定する検査が実施されることが
多い。

【能力検査】　能力検査では，知的能力が測定される。なかでもＧ因子と
も呼ばれる一般知能因子（general intelligence factor）が測定されるこ
とが多い。一般知能は仕事の成果や成功と関係しており，特により複雑
な仕事でその影響は強いことが分かっている（Hunter，1986など）。

【性格検査】　性格特性と関連する質問項目に対する回答や特定の作業へ
の取り組み状況，結果に基づいて，応募者の性格特性をとらえる方法が
性格検査である。勤勉性や意欲の高さは仕事の成果と関連があることが
示されている（Judge, et al.，2013；都澤ら，2005）。

【情動知能検査】　情動知能（emotional intelligence）は，近年注目され
ている概念であるが，定まった定義はなく，大きく２つのとらえ方が存
在する。１つは情動の正確な推論や思考における情動の利用などに関わ
る「能力」ととらえる立場（Mayer, Roberts, & Barsade，2008など）で
あり，学習により高められると考えられている。もう１つは情動の自己
覚知や楽観性などを含むパーソナリティのような「特性」ととらえる立
場である（Petrides & Furnham，2001など）。メタ分析を用いた研究は，
特性として測定された情動知能の高さは仕事の成果と関係があるが，能
力として測定された情動知能と成果との間には関連が見られないことを

明らかにしている（Joseph & Newman，2010；O'Boyle, et al.，2011）。

（3）グループワーク

　グループディスカッションなどグループで課題に取り組むグループワークを導入する企業が増えている。採用担当者は，グループワークに取り組む応募者のコミュニケーション能力，主張性，協調性などを直接観察して評価することができる。ただし，グループワークはグループを構成するメンバーの要因が反映されやすいことに留意する必要がある。

（4）アセスメントセンター

　職務と関連する複数の演習課題に取り組む評価対象者の行動を，訓練を受けた複数の評価者が複数の評価次元（コミュニケーション能力，問題解決能力など）で評価し，その評価結果を評価者の間で討議し，総合的な評価を下す方法がアセスメントセンターである。演習課題には，グループワークが含まれることもある。アセスメントセンターで下された評価は仕事の成果を予測できることが明らかにされている（Arthur Jr., et al.，2003）。

　書類や検査においては，応募者の特性についてのアセスメント結果をもとに，将来の職務遂行場面で発揮されうる能力などを間接的に推測しなければならない。一方，グループワークやアセスメントセンターを用いると，実際の職務遂行場面を模した課題遂行の様子を観察して評価を下すことができるため，書類や検査よりも組織に入った後の職務行動を予測しやすくなる。

　ここまで代表的なアセスメント技法を紹介したが，これらの技法は，採用選考だけでなく，組織内の昇進や昇格の際の選抜にも用いられている。

3．面接

　面接は，アセスメント技法の1つであるが，採用選考における採否の決定への影響が大きいことから，3節で詳述する。

（1）面接の特徴

　応募者との会話によって進める面接は，応募者の職務能力や職務遂行行動だけでなく，応募者の性格，興味，モチベーション，仕事の適性など幅広い側面も評価することが可能であり，応募者を総合的にアセスメントできる。面接方式としては，応募者1名に対して面接をする個人面接，複数の応募者を同時に面接する集団面接がある。

　日本の新卒採用で重視されるコミュニケーション能力，主体性，チャレンジ精神，協調性，誠実性などの特性は，面接時に確認，評価されることが多い。特定の職務を遂行する人物を採用する際には，職務分析によって明らかにされた職務に関わる質問が中心になされ，その職務で成果を収める可能性や職務と応募者の特性との適合性が判断される。

（2）面接評価に影響を及ぼす要因

　これまで面接評価に影響する要因が幅広く検討されてきた。それらのレビュー研究（Huffcutt, 2011；Posthuma, Morgeson, & Campion, 2002）を基に，面接者の判断に影響する代表的な要因を以下に示す。

【面接者との類似性】　面接者の態度と応募者の態度の類似性は，面接者の応募者に対する好意度や能力評価に影響する。年齢，性別などのデモグラフィック特性の類似性は，一貫した結果が得られておらず，評価にほとんど影響がみられないという研究結果も多い。

【言語的・非言語的行動】　応募者の話す速さや間の取り方などの言語的

行動，アイコンタクトや表情などの非言語的行動は，応募者への評価に影響する。

【印象管理】　自己宣伝など自分をより良く見せようとする応募者の印象管理によって，面接者は応募者を高く評価する傾向がみられる。

【面接前の印象】　経歴などの情報を基に面接前に形成された応募者の印象は，面接の評価に影響する。

【外見的魅力】　外見的魅力が高い応募者は，高く評価されやすい。

　上記の要因が面接評価に及ぼす影響は，面接の構造によって変わる。

（３）面接の構造：非構造化面接と構造化面接

　面接の構造の種類は，非構造化面接と構造化面接に大きく分けられる。

【非構造化面接】　非構造化面接は，自由面接とも呼ばれており，面接者の裁量で面接が進められる。その場の話の流れに合わせて質問が行われ，それに対する応募者の回答に対して面接者の基準で評価が行われる。そのため，面接者の面接スキルや知識など個人要因が反映されやすく，評価のバイアス，エラーが生じやすい。

【構造化面接】　構造化面接は，面接の進め方，質問内容，質問に対する応募者の回答を評価する基準が統一されている面接である。構造化面接で行われる質問は，①仕事に関わる特定の状況を想定してもらい，その状況でどのような行動を取るのかを尋ねる「状況想定型」の質問と②過去に取った行動を尋ねる「行動叙述型」の質問とに大きく分けられる。状況想定型の質問と行動叙述型の質問では，測定する応募者の側面が異なるため，それらを相補的に用いることが推奨されている（Krajewski, et al.，2006など）。

　キャンピオンら（Campion, Palmer, & Campion, 1997）は，構造化

面接を構成する15要素を示しているが，それらすべての構成要素を含む構造化面接が行われることはあまりない。採用されることの多い要素は，「職務分析に基づいた質問を行うこと」，「応募者に同一の質問を行うこと」，「より良い質問タイプを選択すること」，「質問ごとに回答を評価すること，もしくは複数の尺度を利用すること」，「レベルを詳しく示した評価尺度を利用すること」，「複数の面接者によって面接を行うこと」，「面接者に訓練を行うこと」である（Levashina, et al., 2014）。

（4）面接の信頼性と妥当性

　面接の構造化の程度が高いほど，評価者間信頼性が高くなる（面接者の間での評価のばらつきが小さい）こと，将来の職務成果を予測する妥当性が高くなることが示されてきた（Huffcutt, Culbertson, & Weyhrauch, 2013；2014など）。今城（2005）は，面接者と応募者の類似性が面接評価に及ぼす影響が，構造化面接において小さくなることを見出している。構造化の程度によっても面接の信頼性や妥当性は違ってくる。バリックら（Barrick, Shaffer, & DeGrassi, 2009）は，構造化の程度が高いほど，応募者の印象管理が面接の評価に及ぼす影響が小さくなることを見出している。

　面接の構造化の程度の高さは，面接の信頼性や妥当性を高めることが示されてきたが，応募者の構造化面接に対する反応はかならずしも肯定的ではない。構造化面接で尋ねられる質問に対して応募者は相対的にネガティブな反応を示すことをコンウェイとペネノは明らかにしている（Conway & Peneno, 1999）。対面での面接では，応募者は構造化の程度が低い場合に面接実施組織を肯定的に評価するが，ビデオを通じた面接の場合には構造化の程度が高いときに応募者は組織を肯定的に評価するという研究もみられる（Chapman & Rowe, 2002）。面接の構造化の

程度が高い場合には，応募者は自分の印象を管理するのが難しいことが構造化面接への否定的反応の理由の一つとして考えられる（Posthuma, et al., 2002）。

　面接だけでなく，採用選考プロセス全般に対する応募者の反応が近年注目されている。組織にとって必要な人材の確保のためには，組織は応募者を選定するだけでなく，応募者によって組織が選ばれなければならない。そのため，組織の採用手続きに対する応募者の反応は考慮すべき重要な事項である。採用選考にあたっては，採用選考プロセスに応募者が肯定的反応を示す方策も検討する必要がある。

引用文献

Arthur Jr., W., Day, E.A., McNelly, T.L., & Edens, P.S.（2003）．A meta-analysis of the criterion-related validity of assessment center dimensions. *Personnel Psychology, 56*, 125-154.

Barrick, M.R., Shaffer, J.A., & DeGrassi, S.W.（2009）．What you see may not be what you get : Relationships among self-presentation tactics and ratings of interview and job performance. *Journal of Applied Psychology, 94*, 1394-1411.

Campion, M.A., Palmer, D.K., & Campion, J.E.（1997）．A review of structure in the selection interview. *Personnel Psychology, 50*, 655-702.

Chapman, D.S., & Rowe, P.M.（2002）．The influence of videoconference technology and interview structure on the recruiting function of the employment interview : A field experiment. *International Journal of Selection and Assessment, 10*, 185-197.

Conway, J.M., & Peneno, G.M.（1999）．Comparing structured interview question types : Construct validity and applicant reactions. *Journal of Business and Psychology, 13*, 485-506.

Earnest, D.R., Allen, D.G., & Landis, R.S.（2011）．Mechanisms linking realistic job previews with turnover : A meta-analytic path analysis. *Personnel Psychology, 64,* 865-897.

Edwards, J.R. (1991). Person-job fit : A conceptual integration, literature review, and methodological critique. In C.L. Cooper & I.T. Robertson (Eds.), *International review of industrial and organizational psychology. International review of industrial and organizational psychology* (Vol. 6, pp. 283-357). Oxford, England : John Wiley & Sons.

Huffcutt, A.I. (2011). An empirical review of the employment interview construct literature. *International Journal of Selection and Assessment, 19,* 62-81.

Huffcutt, A.I., Culbertson, S.S., & Weyhrauch, W.S. (2013). Employment interview reliability : New meta-analytic estimates by structure and format. *International Journal of Selection and Assessment, 21,* 264-276.

Huffcutt, A.I., Culbertson, S.S., & Weyhrauch, W.S. (2014). Moving forward indirectly : Reanalyzing the validity of employment interviews with indirect range restriction methodology. *International Journal of Selection and Assessment, 22,* 297-309.

Hunter, J.E. (1986). Cognitive ability, cognitive aptitudes, job knowledge, and job performance. *Journal of Vocational Behavior, 29,* 340-62.

今城志保 (2005). 採用面接評価の実証的研究：応募者，面接者，組織が面接評価に及ぼす影響の多水準分析　産業・組織心理学研究, *19,* 3-16.

Joseph, D.L., & Newman, D.A. (2010). Emotional intelligence : An integrative meta-analysis and cascading model. *Journal of Applied Psychology, 95,* 54-78.

Judge, T.A., Rodell, J.B., Klinger, R.L., Simon, L.S., & Crawford, E.R. (2013). Hierarchical representations of the five-factor model of personality in predicting job performance : Integrating three organizing frameworks with two theoretical perspectives. *Journal of Applied Psychology, 98,* 875-925.

金井壽宏 (2011). 働くひとのためのキャリア・デザイン　PHP研究所

Krajewski, H.T., Goffin, R.D., McCarthy, J.M., Rothstein, M.G., & Johnston, N. (2006). Comparing the validity of structured interviews for managerial-level employees : Should we look to the past or focus on the future? *Journal of Occupational and Organizational Psychology, 79,* 411-432.

Kristof, A.L. (1996). Person-organization fit : An integrative review of its conceptu-alizations, measurement, and implications. *Personnel Psychology, 49*, 1-49.

Kristof-Brown, A.L. (2000). Perceived applicant fit : Distinguishing between recruit-ers' perceptions of person-job and person-organization fit. *Personnel Psychology, 53*, 643-671.

Kristof-Brown, A., Zimmerman, R.D., & Johnson, E.C. (2005). Consequences of individuals' fit at work : A meta-analysis of Person-job, Person-organization, Person-group, and Person-supervisor fit. *Personnel Psychology, 58*, 281-342.

Levashina, J., Hartwell, C.J., Morgeson, F.P., & Campion, M.A. (2014). The struc-tured employment interview : Narrative and quantitative review of the research literature. *Personnel Psychology, 67*, 241-293.

Mayer, J.D., Roberts, R.D., & Barsade, S.G. (2008). Human abilities : Emotional intelligence. *Annual Review of Psychology, 59*, 507-536.

O'Boyle, E.H., Humphrey, R.H., Pollack, J.M., Hawver, T.H., & Story, P.A. (2011). The relation between emotional intelligence and job performance : A meta-analy-sis. *Journal of Organizational Behavior, 32*, 788-818.

Petrides, K.V., & Furnham, A. (2001). Trait emotional intelligence : Psychometric investigation with reference to established trait taxonomies. *European Journal of Personality, 15*, 425-448.

Posthuma, R.A., Morgeson, F.P., & Campion, M.A. (2002). Beyond employment interview validity : A comprehensive narrative review of recent research and trends over time. *Personnel Psychology, 55*, 1-81.

鈴木智 (2016). 新規学卒者採用試験における選考書類内の形態素と採用面接成績との関連についての実証分析　日本労務学会誌, *17*, 19-35.

都澤真, 二村英幸, 今城志保, 内藤淳 (2005). 一般企業人を対象とした性格検査の妥当性のメタ分析と一般化　経営行動科学, *18*, 21-30.

参考文献

今城志保（2016）．採用面接評価の科学：何が評価されているのか　白桃書房（応募者の一般知能や面接の構造化，P-J fit と P-O fit と採用面接の評価との関係が実証的な検証を基に明らかにされている。）

大沢武志・芝祐順・二村英幸（2000）．人事アセスメントハンドブック　金子書房（組織における人のアセスメントの諸側面が網羅されている。）

学習課題

1．企業のホームページの採用情報サイトの募集要項を見て，求める人材像がどのようなものなのかを書き出しなさい。そして，そのような人材をなぜその企業が求めているのかについて，その企業の業種や企業理念と関係づけて考察しなさい。

2．これまでに体験したことのあるアセスメント技法を列挙しなさい。また，それらはあなたのどのような側面を測定できるものだったかを分析しなさい。

3 | キャリアの展開と育成

柳澤さおり

《目標＆ポイント》　本章では，キャリアの概念，キャリア理論の特徴やキャリアマネジメントについて学習し，キャリアに関する理解を深め，自身のキャリアの振り返りや今後のキャリアマネジメントに生かすことを目標とする。
《キーワード》　キャリア，キャリア発達，キャリアアンカー，キャリアマネジメント，人材育成，キャリアカウンセリング，社会化

1．キャリアに関わる理論

（1）キャリアの定義

　キャリアという言葉に統一された定義はないが，心理学で扱うキャリアの概念は，人生における役割や経験，仕事上の役割・地位・活動・経験のつながりとして言及されることが多い。この章では，「生涯にわたる仕事に関わる経験や活動に関連する個人的に認知された態度や行動の連続（p.12）」というホール（Hall, 2002）の定義でキャリアをとらえる。

　キャリアを，職務満足感や価値観など個人が主観的にとらえる側面に注目する「主観的キャリア」と客観的に測定できる肩書や収入などに注目する「客観的キャリア」の二つに分けるアプローチがある。ホールは，態度や行動という言葉を使うことで，主観的側面（態度）と客観的側面（行動）の双方を含めてキャリアを定義している。

（２）キャリアに関わる理論

　キャリア理論を理解することは，自身のキャリアの把握やキャリアカウンセリングの際に役立つ。これまでに提案されてきたキャリアに関わる主要な理論を，その特徴別に説明する。

【個人―環境適合に関わる理論】　個人の興味や能力などの特性と仕事（環境）との適合が重視され，その適合が仕事やキャリアに望ましい成果をもたらすと主張する理論である。パーソンズ（Parsons, 1909）の考え方やホランド（Holland, 1985）の六角形モデルは，この立場に属する。ホランドは，個人のパーソナリティを以下の６つに分類している。

①現実型：物，道具，機械，動物などを対象とした，明確で秩序的，体系的な操作を伴う活動を好む。

②研究型：物理学的，生物学的，文化的現象の理解やコントロールを目的とした，それら現象の観察，言語的記述，体系的，創造的な研究を伴う活動を好む。

③芸術型：芸術的な形態や作品の創造を目的とした，物，言語，人間性に関係する素材の操作を伴う活動を好む。

④社会型：情報伝達，訓練，教育，治療，啓蒙を目的とした，他者と関わる活動を好む。

⑤企業型：組織目標の達成や経済的利益を目的とした，他者との交渉を伴う活動を好む。

⑥慣習型：組織や経済的目標の達成を目的とした，データの具体的，秩序的，体系的操作を伴う活動を好む。

　個人のパーソナリティと働く職業環境が一致することは，仕事の成果や満足感の高さと関わるとされている。ホランドの理論は，キャリア研究や実践場面で影響力を持つ理論の一つであり，個人と環境との適合の

38

視点は，仕事の適応などを考える際の手がかりを与える。

【キャリア発達段階に関わる理論】 キャリアの展開を複数の発達段階に分けてとらえる理論である。これまでにスーパー（Super, 1957）やシャイン（Schein, 1978）などがキャリアに関わる発達段階を提示してきた。

スーパーは人生を①成長期（0歳〜14歳），②探索期（15歳〜24歳：自我概念の発達，現実吟味，自我概念完成への努力），③確立期（25歳〜44歳：自我概念の修正と完成），④維持期（45歳〜64歳：自我概念の保持または自我概念による苦悶），⑤下降期（65歳以降：新しい自我への適応），の5つに分けた発達段階を示している。

シャインは，人の生涯を9つの発達段階に分け，組織の一員になった後の発達段階における組織内キャリア（組織内で，ある一定期間のうちに個人が経験する職務内容，役割，地位，身分などの変化の系列；若林，1988）を重視した。図3-1は，シャインが示した組織内キャリアを表す組織の3次元モデルである。このモデルは，部門間の機能的境界を通過する「職能次元」の移動（例：マーケティング部門から製造部門への移動），階層を通過する「階層次元」の移動

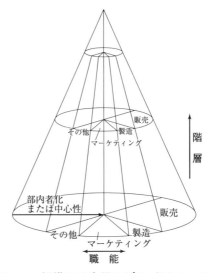

図3-1　組織の3次元モデル（Schein, 1978）

（例：一般職層から管理職層への移動），仕事内容が組織にとってより重要で中心的なものへと変化する「中心性次元」の移動の3つから外的（客観的）キャリアをとらえる視点を提供している。

　シャインは組織メンバーの態度や価値観に基づく内的（主観的）キャリアにも注目し，キャリアアンカーという概念を提示している。働く経験を蓄積しながら，人は自らの能力，価値観，欲求に関わる自己概念であるキャリアアンカーを形成する（Schine, 1996）。キャリアアンカーは，キャリアに関わる難しい選択を迫られたときに，どうしても譲れない大切なものであり，以下の8つのアンカーをシャインは提示している。

①専門・職能別コンピタンス：自分の能力を発揮し，専門家であることを自覚し満足を感じる。

②全般管理コンピタンス：組織で責任ある地位につき，自分の努力で組織の成果を左右してみたいという願望を持つ。

③自立・独立：自分のやり方，自分のペース，自分の納得する仕事の基準を優先する。

④保障・安定：安全で確実と考えられ，将来の出来事を予測でき，うまくいっていることが分かりながらゆったりとした気持ちで仕事ができることを優先する。

⑤起業家的創造性：新製品や新しいサービスの開発，財務上の工夫で新組織を作ったり，新しい事業を起こしたりしたいなどの欲求がある。

⑥奉仕・社会貢献：自分の中心的価値観を仕事の中で具現化したいという欲求を持つ。

⑦純粋な挑戦：不可能と思える障害を克服すること，解決不能と思われてきた問題を解決すること，非常に手ごわい相手に勝つことを好む。

⑧ライフスタイル：個人のニーズ，家族のニーズ，キャリアのニーズを

うまく統合させる方法を見出すことを望む。

　年齢で区切る発達段階は，個人が同じ組織で働き続ける場合に良く当てはまる。雇用が流動化する環境ではずれが生じる部分もあるが，各発達段階の内容はキャリアの展開を考察するうえで有用な視点を与える。

【キャリアの意思決定に関わる理論】　個人が特定のキャリア活動を選択する意思決定プロセスを扱う理論である。クランボルツ（Krumboltz, 1979）やレントら（Lent, Brown, & Hackett, 1994）は，バンデューラ（Bandura, 1977；1986）の社会的学習理論を基にした意思決定理論を提案している。

　クランボルツのキャリア意思決定における社会的学習理論は，①遺伝的資質（人種や才能など），②環境的状況（社会環境，教育環境，訓練の機会など），③学習経験，④課題へアプローチするスキル（目標設定，職業情報の入手など）が，キャリアの意思決定プロセス（課題の特定，情報収集，選択肢の策定，行動の遂行など）に影響することを示している。

　レントらの社会認知的キャリア理論（Social Cognitive Career Theory；SCCT）では，個人特性や環境要因の影響を受けた特定の職業領域に関わる学習経験が，「自己効力感（職業と関連する領域の課題や行動を遂行できるという自信）」と「結果への期待（課題や行動の遂行によって望ましい結果が得られるかどうかの予測）」に影響するとしている。図3-2に示すように，自己効力感が高く，望ましい結果を得られる期待があるときに，課題の遂行や職業領域への関心が高まり，キャリアや学業に関わる目標の選択や活動が引き起こされ，これらが目標の達成やスキルの向上などの成果をもたらすことが示されている。

　クランボルツやレントらの理論は，キャリア関連の選択行動を理解するうえで有用な理論である。

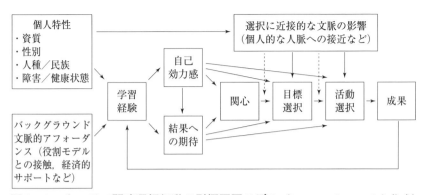

図3-2　キャリア関連選択行動の影響要因モデル（Lent, et al.,1994 より作成）

【変化に合わせたキャリアの開発に注目する理論】　社会環境や経済環境の急激な変化に伴い，キャリアの開発を組織に任せるのではなく，自分で進めていくキャリアモデルが注目されている。代表的なものが，プロティアン[1]キャリアモデルとバウンダリーレスキャリアモデルである。プロティアンキャリアは，個人や環境の変化に合わせて知識，スキル，能力を自発的に随時作り直していくキャリアである（Hall，1996）。バウンダリーレスキャリアは，組織とは独立して，物理的移動や心理的移動を行いながら境界（バウンダリー）を越えて展開されるキャリア（Sullivan ＆ Arthur，2006）である。バウンダリーレスの形態として，以下の6つが提示されている（Arthur ＆ Rousseau，1996）。

①異なる企業（組織）間を移動する場合

②外部組織から妥当性（市場性）の情報を得られる場合（研究者など）

③外部のネットワークや情報によって仕事が支えられている場合

④階層に沿った報告や昇進といった伝統的な組織のキャリアの境界が壊される場合（配置転換なども含む）

⑤個人的または家族の事情のために，キャリアの機会を断る場合

---

1)　プロテウスは，ギリシャ神話における意のままに自分を変えることができる神である。

⑥構造的な制約があっても自分のキャリアをバウンダリーレスと認知する場合

　環境の変化に柔軟に対応しながらキャリアを開発するというキャリア観を個人が持つことは，これからますます重要になると思われる。

2. キャリア展開をもたらす組織の人材育成

（1）キャリアサクセス

　キャリアの展開がうまく進められているかどうかの重要な指標の一つが，キャリアサクセスの程度である。キャリアと同様に，キャリアサクセスは客観的なものと主観的なものとに分けられる。客観的キャリアサクセスは，給与，昇進，職位などを指標として測定される。主観的キャリアサクセスは，個人による主観的な評価に基づくものであり，キャリアへの満足感の程度によって測定されることが多い。

　メタ分析を用いた研究（Ng, Eby, Sorensen, & Feldman, 2005）は，客観的キャリアサクセスのうち，給与については，労働時間，教育レベル，政治的知識やスキル，訓練やスキル向上の機会，年齢の影響が大きく，昇進には訓練やスキル向上の機会の影響が大きいことを明らかにしている。一方，主観的キャリアサクセスは，社会的資源（顔の広さなど），キャリアスポンサーシップ（挑戦的な仕事を割り当てられる，コーチングを受けるなど），上司のサポート，訓練やスキル向上の機会，個人特性（情緒安定性，外向性，積極性，内的統制傾向）の影響が大きいことを示している。

（2）組織の人材育成の施策

　上記の通り，訓練やスキルの機会の付与など組織の人材育成の施策

は，個人の客観的，主観的キャリアサクセスに関与している。ここでは，それらの施策として，教育訓練，キャリアのニーズに応じた配置転換，メンタリング，キャリアカウンセリング，社会化戦術について説明する。

【教育訓練】　組織で行われる教育訓練は，OJT（on-the-job-training：職場内訓練）と Off-JT（off-the-job-training：職場外訓練）に大きく分けることができる。上司や先輩が部下や後輩に仕事の内容や手順を職場で仕事を進めながら指導する方法が OJT である。日常業務とは別に時間や場所を確保して行われる訓練が Off-JT である。Off-JT には新入社員，中堅社員，管理者など階層ごとに行われる「階層別研修」，チームワークの強化など特定のテーマに絞った「目的別・テーマ別研修」，問題解決スキルなど仕事に必要なスキルを獲得する「スキル研修」，キャリア形成を支援する「キャリア研修」などがある。

【配置転換】　キャリアのニーズに応じた配置転換には，社員自らが希望の異動を申告する「自己申告制度」，社内で人材が募集され，社員が自分の意思で応募することができる「社内公募制度」などがある。これらの制度は，自律的なキャリア形成を支援する人事施策と言える。

【メンタリング】　知識や経験豊富なメンターが，それらの浅いメンティのキャリア開発や成長のための支援を行うのがメンタリングである。これらの支援は，メンティのキャリア開発，キャリアサクセス，職務モチベーションに肯定的な影響をもたらす（久村，1997）。

【キャリアカウンセリング】　キャリアカウンセリングは，キャリアカウンセラー（キャリアコンサルタント[2]）が相談者に対して，主にキャリア開発の支援を行うものである。宮城（2002）は，キャリアカウンセリングの機能と目的を以下のようにまとめている。

①ライフキャリアに関する正しい自己理解を促す。

---

2)　キャリアコンサルタントは，国家資格であり，労働者の職業の選択，職業生活設計または職業能力の開発および向上に関する相談に応じ，助言および指導を行う専門家である。

②ライフ・キャリア・デザイン，キャリア・プランなどキャリア開発の
　支援を行う。
③職業選択，キャリアの方向性の選択，意思決定の支援を行う。
④キャリア目標達成のための戦略策定の支援を行う。
⑤キャリアに関するさまざまな情報提供の支援を行う。
⑥よりよい適応，個人の発達の支援を行う。
⑦動機づけ，自尊感情の維持と向上の支援を行う。
⑧キャリア不安，葛藤など情緒的問題解決の支援を行う。

　効果的なキャリアカウンセリングを行うためには，キャリア開発，カ
ウンセリング技法（受容的態度，共感的理解，自己一致など），人事労
務，労働法令，メンタルヘルスなどに関わる幅広い知識やスキルをキャ
リアカウンセラーが習得している必要がある。

【社会化戦術】　社会化は，組織の新入メンバーが仕事の役割を果たすた
めに必要な知識，スキル，価値観などを獲得していくプロセスである。
組織による社会化戦術は，キャリアマネジメント施策でもあり，教育訓
練やメンタリングは，社会化戦術に含まれる。仕事の知識や経験を豊富
に持つ先輩などから社会化のためのサポートを受ける社会化戦術は，役
割葛藤を減らし，職務満足感や組織コミットメントを高める効果がある
（Saks, Uggerslev, & Fassina, 2007）。

3. キャリアのセルフマネジメント

（1）自律的なキャリア形成

　雇用の流動化が進む我が国では，キャリア形成を組織に依存するので
はなく，個人の責任でセルフマネジメントする必要性が今後より高くな
ることが予想される。先に示したプロティアンキャリアやバウンダリー

レスキャリアは，セルフマネジメントによって展開されるキャリアである。積極的にキャリアをセルフマネジメントする個人は，客観的および主観的キャリアサクセスを収めやすいことが分かっている。

（2）キャリアのセルフマネジメント行動

　キャリアのセルフマネジメント行動として，①ポジショニング行動，②影響行動，③バウンダリーマネジメント行動（King, 2004）をここでは取り上げる。

　ポジショニング行動は，望ましいキャリアの成果をおさめるために必要な人的ネットワーク，スキル，経験を保持しているという確信を得るために必要な行動である。職務の移動などの機会の戦略的選択，能力向上などへの戦略的投資，積極的な人的ネットワークの開拓，職務内容のイノベーションを含む。

　影響行動は，自分のキャリアの成功のゲートキーパー（キャリアに影響を持つ人々）の決定に積極的に影響を与える行動である。自分の有能さを示すなどの自己宣伝，迎合，ゲートキーパーとの交渉など上位の人々への影響行動を含む。

　バウンダリーマネジメント行動は，仕事の領域で求められることと仕事以外の領域で求められることとのバランスを取る行動である。仕事での役割と仕事以外の役割の位置づけに関わる境界維持，それらの役割の移行をうまく進めるための役割移行に関わる行動を含む。

（3）キャリアのセルフマネジメントにおける組織の役割

　キャリアのセルフマネジメントに組織の関与が不要なわけではない。積極的にセルフマネジメントを行う組織メンバーは，組織からのキャリアサポートを期待する（De Vos, Dewettinck, & Buyens, 2009）。また，

組織の公式なキャリアマネジメント（研修など）と非公式なキャリアマネジメント（上司のサポートなど）は，組織メンバーのキャリアのセルフマネジメント行動を促進する（Sturges, Guest, Conway, & Davey, 2002）。

　キャリア開発は，組織メンバーと組織の双方にとって有益である。組織が，組織メンバーにキャリアの自律的な開発の必要性を認識させ，同時にキャリアのセルフマネジメントを支援する取り組みを実行することで，組織メンバーは効果的にキャリア開発を進めることができる。

引用文献

Arthur, M.B., & Rousseau, D.M.（Eds.）（1996）. *The boundaryless career: A new employment principle for a new organizational era.* New York, NY: Oxford University Press.

Bandura, Albert（1977）. *Social Learning Theory.* Englewood Cliffs, N.J.: Prentice-Hall.（バンデューラ, A.　原野広太郎（監訳）（1979）. 社会的学習理論　金子書房）

Bandura, A.（1986）. *Social foundations of thought and action: A social cognitive theory.* Englewood Cliffs, NJ: Prentice-Hall.

De Vos, A., Dewettinck, K., & Buyens, D.（2009）. The professional career on the right track: A study on the interaction between career self-management and organizational career management in explaining employee outcomes. *European Journal of Work & Organizational Psychology, 18*, 55-80.

Hall, D.T.（2002）. *Careers in and out of organizations.* Thousand Oaks, CA: Sage.

Hall, D.T.（1996）. Protean careers of the 21st century. *Academy of Management Executive, 10*, 8-16.

Holland, J.L.（1985）. *Making Vocational Choices.* 2nd. ed. Englewood Cliffs, NJ: Prentice-Hall.（ホランド, J.L.　渡辺三枝子・松本純平・舘暁夫（訳）（1990）. 職

業選択の理論　社団法人雇用問題研究会）

King, Z.（2004）. Career self-management : Its nature, causes and consequences. *Journal of Vocational Behavior, 65*, 112-133.

Krumboltz, J.D.（1979）. A social learning theory of career decision making. Revised and reprinted in A.M. Mitchell, G.B. Jones, and J.D. Krumboltz（Eds.）, *Social learning and career decision making.* pp. 19-49. Cranston, RI : Carroll Press.

久村恵（1997）. メンタリングの概念と効果に関する考察：文献レビューを通じて 経営行動科学, *11*, 81-100.

Lent, R.W., Brown, S.D., & Hackett, G.（1994）. Toward a unifying social cognitive theory of career and academic interest, choice, and performance. *Journal of Vocational Behavior, 45*, 79-122.

宮城まり子（2002）. キャリアカウンセリング　駿河台出版社

Ng, T.W.H., Eby, L.T., Sorensen, K.L., & Feldman, D.C.（2005）. Predictors of objective and subjective career success. A meta-analysis. *Personnel Psychology, 58*, 367-408.

Parsons, F.（1909）. *Choosing a vocation.* Boston : Houghton Mifflin.

Saks, A.M., Uggerslev, K.L., & Fassina, N.E.（2007）. Socialization tactics and newcomer adjustment : A meta-analytic review and test of a model. *Journal of Vocational Behavior, 70*, 413-446.

Super, D.E.（1957）. *The psychology of careers : An introduction to vocational development.* New York : Harper & Brothers.（スーパー, D.E.　日本職業指導学会（訳）（1960）. 職業生活の心理学—職業経歴と職業的発達—　誠信書房）

Schein, E.H.（1978）. *Career dynamics : Matching individual and organizational needs.* Reading, MA : Addison-Wesley.（シャイン, E.H.　二村敏子・三善勝代（訳）（1991）. キャリア・ダイナミクス　白桃書房）

Schein, E.H.（1996）. Career anchors revisited : Implications for career development in the 21st century. *Academy of Management Executive, 10*, 80-88.

Sullivan, S.E., & Arthur, M.B.（2006）. The evolution of the boundaryless career concept : Examining physical and psychological mobility. *Journal of Vocational Behavior, 69*, 19-29.

Sturges, J., Guest, D., Conway, N., & Davey, K.M.（2002）. A longitudinal study of the relationship between career management and organizational commitment among graduates in the first ten years at work. *Journal of Organizational Behavior, 23*, 731–748.

若林満（1988）．組織内キャリア発達とその環境　若林満・松原敏浩（編者）組織心理学　福村出版

参考文献

渡辺三枝子（2007）．新版キャリアの心理学　キャリア支援への発達的アプローチ　ナカニシヤ出版（キャリアに関わる理論が詳細に解説され，現場への応用について解説されている。）

杉原保史（2016）．キャリアコンサルタントのためのカウンセリング入門　北大路書房（キャリアカウンセリングに必要な基礎的な知識やスキルが分かりすく書かれている。）

学習課題

1．自分のこれまでのキャリアに関わる選択（進路選択を含む）を振り返り，キャリアに関わる理論を基に，どのような個人要因や環境要因がその選択に影響していたのかを考察しなさい。

2．今後の自分のキャリア展望を基に，現在の所属組織から受けることが可能なキャリア支援を列挙し，それらを利用して自分がどのようなキャリアマネジメントができるのかを考察しなさい。

4 | ワークモチベーション

池田　浩

《目標＆ポイント》　組織において，各成員が高い成果を実現するためには旺盛なワークモチベーションが必要不可欠である。本章では，まずワークモチベーションとは何かを理解する。そして，課題遂行過程の段階毎に，ワークモチベーションに関わる理論を概観し，ワークモチベーションをマネジメントするための示唆を得ることを目標とする。
《キーワード》　ワークモチベーション，方向性，強度，持続性，内発的モチベーション，目標設定理論，期待理論，組織公正理論，職務特性理論，ジョブ・クラフティング

1．ワークモチベーションとは？

（1）組織成員のパフォーマンスとワークモチベーション

　ワークモチベーションは，組織成員の職務遂行を促し，そして生産性や目標達成度などの量的なパフォーマンスだけでなく，創造性などの質的なパフォーマンスにも直結する変数として，古くから関心が寄せられてきた概念である。

　例えば，20世紀初頭，組織に多くの人が集まって労働を行うようになった頃，労働者が揃って怠ける「組織的怠業」が問題となっていた。なぜなら，当時は，その日の労働に対する対価として賃金が支払われていたため，一生懸命に作業しすぎるとかえって仕事がなくなってしまうからである。こうしてテイラーは仕事の標準的な作業量や時間を計測し，

それに基づいて賃金を支払うシステムとして科学的管理法（Taylor, 1911）を導入した。当時は，ワークモチベーションという概念は存在しなかったものの，労働者の生産性を左右する重要な要因であることに気づかれ始めたと言えるだろう。

　そして，パフォーマンスを規定する要因としてワークモチベーションの役割を明確に示したモデルがローラーとポーターによる MARs モデル（Lawler III & Porter, 1967）である。これは，組織成員の職務行動やパフォーマンスを説明する要因として，モチベーション（Motivation）と能力（Ability），そして役割認識（Role perception）を位置づけている。このモデルに基づくと，成員の効果的な職務行動やパフォーマンスには，旺盛なワークモチベーションとともに，職務を遂行するうえで必要とされる知識やスキルなどの能力が欠かせないことを示している。併せて成員自身が担う役割とその意義を適切に理解することが重要であることを示している（職務特性とその意義については後述する）。

（2）ワークモチベーションとは何か

　ワークモチベーションとは，自らの職務や目標に向かって意欲的に遂行している状態を表す概念である。ミッチェル（Mitchell, 1997）は，ワークモチベーションを「目標に向けて行動を方向づけ，活性化し，そして維持する心理的プロセス」（p.60）と定義し，現在ではこの定義が定着している。さらに，ワークモチベーションは，「方向性」と「強度」，そして「持続性」という3つの次元を内包している。方向性とは，目標を，なぜ，どのように成し遂げるのかの明確性を意味する。強度とは，目標の実現に向けた努力や意識の高さを意味する。そして，持続性とは，目標を追求・実現するための継続性を意味する（Mitchell, 1997）。

（3）ワークモチベーションの個人差を説明する内容論

　ワークモチベーションに関する理論は，何が（what）が組織の成員を動機づけているかを説明する内容論と，どのように（how）組織成員を動機づけるのかに関わる過程論に大別される。まずは，内容論に関する代表的な研究を概観する。

①　欲求階層説

　人がなぜその行動に取り組むのか，どれくらい熱心に取り組むかの背景には動機や欲求が関わっている。その代表的な理論として，マズロー（Maslow, 1954）による欲求階層説が存在する（図4-1）。この理論では，人間の欲求を低次から高次への5つの階層に分類し，低次の欲求が満たされないと，高次の欲求が生まれないことを説いている。

　最も低次な欲求は「生理的欲求」である。これは，人間が生きていくために最低限必要な生理現象（食物，排泄，睡眠など）を満たそうとする欲求である。次は「安全・安心欲求」であり，生命の危機にさらされることなく，安全・安心に暮らしたいという欲求である。次に上位に位置するのが「愛情・所属欲求」である。ある程度に落ち着いた生活が満たされると，誰かを愛したり，またいずれかの集団や組織に所属したいと思う欲求が生まれる。次は，「承認・自尊欲求」であり，他者から認められ，尊敬されたいと思う欲求である。

　そしてこれらが満たされると，最上位に位置する欲求が「自己実現欲求」である。これは，自分自身の持っている能力・可能性を最大限に引き出し，自らの夢や目標を実現したいという欲求を表す。

②　ERG 理論

　マズローの理論では，低次の欲求が満たされなければ，上位の欲求は生まれてこないことを前提としていた。その考えに異を唱え，欲求階層説を拡張したのがアルダーファーのERG理論（Alderfer, 1969）であ

図4−1　マズローの欲求階層説

る。この理論は，3つの基本的欲求を仮定している。1つは「生存欲求（Existence）」である。これは，生理的および物質的欲求を含み，飢えや渇き，賃金，労働条件などを含む。マズローの生理的欲求と安全・安心欲求に相当する欲求である。2つ目は，「関係欲求（Relatedness）」であり，自分にとって重要な他者（家族，同僚，上司など）と良好な関係を築きたいという欲求である。マズローの理論では，愛情・所属欲求と承認・自尊欲求に相当する。そして，3つ目は「成長欲求（Growth）」であり，自己を成長させようとすることや自らを取り巻く環境に対して創造的に働きかけたいという欲求である。

　ERG理論では，生存欲求と関係欲求はそれらが満たされると重要性は減少するが，成長欲求はたとえ充足されても重要性は減少しない，とされている。また，各欲求は連続的であり，同時に生じると仮定していることも，マズローの欲求階層説とは異なる特徴である。

2. 課題遂行過程とワークモチベーション

(1) 課題遂行過程

　組織成員をどのように（how）動機づけるのかについては，管理者によるマネジメントや人事評価制度とも密接に関わることから，数多くの理論が提唱されてきた。それらの理論は，「課題遂行過程」（古川，2011）の視点から見ることで明確に整理することができるように思われる。

　いかなる組織も成員は所与の課題を抱えており，一般的には課題に着手することから始まり（着手段階），一定期間を経て（中途段階），課題が完了して成功あるいは失敗いずれかの結果が得られる（結果・完了段階）。ワークモチベーションのいずれの理論も，組織成員が目標に向かって課題に従事するプロセスを想定して考案されていると考えると，従来の理論は，この課題遂行過程のいずれかの段階を意識したものと位置づけることができるだろう（図4-2）。

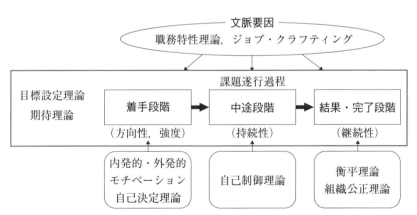

図4-2　課題遂行過程とワークモチベーション理論の位置づけ

（2）課題遂行過程全体をとらえた理論

　ワークモチベーション理論の中でも課題遂行過程のすべての段階を網羅した理論として「目標設定理論」と「期待理論」が挙げられる。

①　目標設定理論

　ワークモチベーションは，ある目標達成に向けてひたむきに取り組んでいる状態であることを考えると，「目標」はワークモチベーションを喚起する誘因（行動を引きおこす刺激）の役割を持つ。この意義に着目した理論が目標設定理論（Lock & Latham, 1990）である。

　目標設定理論では，目標が下記の３つの要件を備えているときに人は動機づけられ，そして高いパフォーマンスを上げることが明らかにされている。１つ目は目標が「具体的」であるときである。単に「一生懸命頑張る」（do the best）の抽象的な目標よりも，具体的な数字で示す目標の方が，それを達成しようとする推進力を生む。２つ目は，目標が「困難」なときである。容易に達成できる目標では意欲はわかない。換言すると，努力しないと達成が難しい目標ほど，それを実現しようとする意欲につながる。そして，最後の要件は，目標に「コミットしている」ことである。単に上司や経営層から割り当てられた目標では「やらされ感」が産まれかねない。それよりも，自ら設定した目標や他者から与えられた目標であってもそれを実現することに意義を感じられれば，モチベーションを促進する効果を持つ。

②　期待理論

　私たちが職務を遂行する際，一生懸命に取り組むとどれだけ期待される成果を実現できるか，さらに成果を実現することでそれによって評価や処遇（利益など）にどのようにつながるかなどを考えるだろう。そこに明るい期待が持てれば，苦労が伴うとして頑張って取り組むことができる。こうした主観的で合理的な計算に基づく期待によってワークモチ

ベーションを説明するのが「期待理論」（Vroom, 1964）である。

　ヴルームによる期待理論では，ワークモチベーションは，ある行動が結果につながると考える主観的な「期待」とその結果（例えば，業績達成など）の好ましさや魅力，重要性，あるいは満足感としての「誘意性」の積で表されると考える。さらに，誘意性は，行動の結果によってもたらされる二次的な結果（例えば，賃金や昇進など）の魅力（二次的な結果の誘意性）と，ある行動が二次的な結果をもたらすうえで役立つ期待の大きさとしての「道具性」の積として表現することができるとしている。

　例えば，職場の売上げ目標を達成するために，職場の課員一人ひとりに売上げ目標が付与されたとしよう。期待理論から考えると，頑張ればその目標が達成できるか（期待），それを達成することでどのような報酬（ボーナスや昇進など）が期待できるか（道具性），さらにはその報酬がどれくらい魅力的か（誘意性）を合理的に考えることで，ワークモチベーションが左右されると考える。なお，期待理論では，3つの要因の「積」で表されることに留意する必要がある。すなわち，達成した結果としての得られる報酬は非常に魅力的ではあるものの，いくら頑張っても達成できる見込みがない場合には，期待が「0（ゼロ）」となり，ワークモチベーションはわかないことになる。

　以下では，課題遂行過程（古川，2011）を「課題への着手段階」，「中途段階」，そして「結果・完了段階」の3つの段階に分けて，それぞれに関する主要理論を紹介する。

（3）課題への着手段階
　課題への着手段階では，「やってみよう」というモチベーションを引き出す必要がある。そのためには，着手段階では"なぜその課題に取り

組むのか"が行動を始発させるモチベーションを左右する。

① 内発的および外発的モチベーション

　課題への着手段階において"なぜその課題に取り組むのか"の問い
は，言い換えると何によって動機づけられているか，と理解することが
できる。その1つの説明原理として，内発的あるいは外発的モチベーシ
ョンが存在する。

　内発的モチベーションとは，課題が面白いなど特定の課題に取り組む
ことそれ自体が目的となっている状態のことを意味する（Deci，1975）。
内発的モチベーションが産まれる源泉には，課題への面白さや意義深さ
などの「好奇心」，知識やスキルを保有する「有能さ」，さらに自ら課題
の進め方や方法を決定できる「自己決定」が関わっていることが分かっ
ている。

　それに対して，外発的モチベーションとは，報酬や罰，指示や命令な
ど行動の原因が外的な要因によってもたらされていることを意味する。
組織においては，通常，職務が与えられ，そして人事評価制度の下に評
価や処遇（報酬や罰）が存在するため，多くの場合，外発的に動機づけ
られていると言えよう。

　なお，内発的モチベーションが高いときに，外的な報酬が付与される
と，モチベーションはどのような影響を受けるのだろうか。デシ
（Deci，1971）は，大学生を対象に3つのセッションにわたる実験にお
いてパズル課題を行った。そして各セッション後に設けられた休憩時間
でさえもパズルに取り組む時間を内発的モチベーションの高さと操作的
に定義し，測定した。実験では，一方の実験グループに対して，時間内
にパズルを解くことで1ドルの報酬が与えられることを教示したとこ
ろ，それを終えた休憩時間ではパズルに取り組んだ時間が極端に減少し
ていた。この結果は，当初，パズルの面白さという内発的なモチベーシ

ョンに基づいて取り組んでいたものの，いざ報酬が与えられると，パズルへの興味をなくし，内発的モチベーションが低下することを実証的に示している。デシはこれをアンダーマイニング効果と呼んでいる。

　なぜこの現象が生じるかについて，デシ（Deci, 1975）は認知的評価理論の観点から説明している。認知的評価理論では，人間には自らが行動の原因でありたいとする自己決定への欲求と有能さへの欲求が備わっており，それらを充足したときに内発的モチベーションが生まれるという。先のアンダーマイニング効果が生まれた背景には，自身の行動の原因が，課題への興味や関心から，報酬によってコントロールされているという感覚を持つようになり，自己決定感が脅かされたことが関わっていると言える。逆に，報酬が自らの取り組みやその結果を評価する意味合いを持つのであれば，報酬は情報的側面を持つことになり，それによって有能感を高め，内発的モチベーションは高まるとデシは主張している。

②　自己決定理論

　先に，組織では職務が与えられ，また人事評価やその処遇によって報酬が左右されることから，基本的に外発的に動機づけられていることが多いと指摘した。しかし，すべての人が常に外発的に動機づけられているわけではない。ましてや同じ組織成員であっても職務に対する取り組み方が変わることもあるだろう。言い換えると，現実的に，職務が与えられ，また報酬が備わっていたとしても，その仕事にやりがいと意義を見出すことで，意欲的に取り組むようになる。

　デシとライアン（Deci & Ryan, 2002）は，この問題に対する答えとして，自己決定理論を展開している。自己決定理論は，外的な報酬は必ずしも内発的モチベーションを抑制するとは限らないことを説明する原理として，単なる内発―外発の二律背反的な区分を超えて，自己決定の

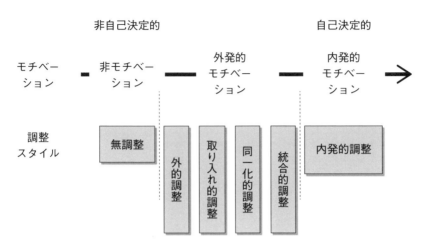

図4-3　自己決定理論（Deci & Ryan, 2002）

度合いによって外発的モチベーションを4つの段階（外的調整，取り入れ的調整，同一化的調整，統合的調整）に整理している（図4-3）。

　「外的調整」とは，ある行為を，報酬や評価を得るため，もしくは罰を避けるためにやり続けている状態を意味する。報酬や罰などの外的要因の有無によって行動が統制されているため，自己決定の度合いは非常に低い。「取り入れ的調整」とは，自己価値を守るためや恥や不安を低減したいと思うために動機づけられている状態を意味し，いくぶん自己価値が内在化している。3つ目の「同一化的調整」とは，目標達成や成長に必要だからある行為に取り組んでいる状態を意味する。個人の価値が含まれていることから，比較的自己決定の度合いは高いと言える。最後に，「統合的調整」とは，ある行為と自らの価値が矛盾なく統合されている状態を意味する。言い換えると，当該本人にとってある行為をすることが自然なことで，やること自体が楽しいと感じるくらいに価値が内在化されていることから，自己決定の度合いも非常に高いと言える。

　自己決定の度合いが低い「外的調整」や「取り入れ的調整」の状態は，あまり課題の重要性や意義が内在化されておらず他律的な状態を意味する。それに対して，自己決定の度合いが高い「同一化的調整」や「統合的調整」になると，外的な報酬が関わっていても課題の意義を自ら見出して自律的に取り組むことができるようになる。

（4）中途段階

　仕事では課題に着手してすぐに結果に至るわけではなく，比較的長い時間がかかる。この中途段階は，最も長い時間を要することから，モチベーションが萎えてしまう危険性が高い。そのため，この段階では，「頑張り続けよう」というワークモチベーションの持続性をいかに保てるかが後続するパフォーマンを左右すると言えるだろう。しかし，従来のワークモチベーションの主要な理論を概観すると，実は中途段階に着目した理論はほとんど存在しないことに気づかされる。

　中途段階では，課題への取り組みがうまくいっているか否かなど，さまざまな出来事や手応えに応じて，多かれ少なかれワークモチベーションは変動するものである。そのため，ワークモチベーションの変動をうまく制御することが求められる。

　中途段階に関わる最も代表的な理論は，自己制御理論（Carver & Scheier, 1998）である。自己制御とは，個人がある行動についての情報を獲得し，その情報に基づいて何らかの調整を行うことである。ここで重要な情報源はフィードバックである。すなわち，課題遂行過程において，現在の状態に関するフィードバックを得ることで，望ましい目標状態と比較することにつながり，その差を埋めるべくワークモチベーションを調整することにつながると言えるだろう。

（5）結果・完了段階

「結果・完了段階」では，成否の結果が得られる段階であるが，それで終了するわけではない。結果に連動して処遇が施され，次の課題に向けたワークモチベーションが形成される。換言すると，結果の受け取り方や処遇の在り方が，次のワークモチベーションを左右する。

① 衡平理論

結果・完了段階と次の課題へのワークモチベーションに焦点を当てた理論としてアダムス（Adams, 1965）の衡平理論がある。衡平理論では，組織の成員はある課題に投じた貢献とそれによって得られた結果の比を見積もる。そして，他の成員と比較してその比が同じであれば衡平であると認知し，その後も課題への貢献（ワークモチベーション）を維持する。しかし，同僚と比較して貢献と結果との比が不均衡であれば，緊張状態が生まれ，それを解消しようと動機づけられる。例えば，貢献に対して得られた結果が少ない不均衡状態（過剰な貢献）であれば，貢献する量を減らして（手抜きなど）均衡状態を取り戻そうとする。一方，貢献に対して過剰な結果（報酬）を受け取っている場合，組織の従業員はどのように不均衡状態を解消しようと動機づけられるかについては必ずしも一貫した結果は得られておらず過剰な報酬に対して寛容に受け入れる従業員もいれば，過剰な報酬が貢献と均衡状態になるよう，さらにワークモチベーションを高める従業員も存在する。

② 組織公正理論

近年では，新しく組織公正理論が注目されている。組織公正理論は，分配的公正と手続き的公正から構成される。グリーンバーグ（Greenberg, 1988）によれば分配的公正とは，従業員が組織から与えられる待遇や給与などの結果をどの程度公正と考えるかを意味するのに対し，手続き的公正は組織が従業員の評価に用いる手続き（人事考課制度など）

がどの程度信頼できるかを意味する概念であると定義している。

3. 外形的および内生的職務設計とワークモチベーション

　職務や仕事の特性もまたワークモチベーションを左右する。例えば，日々同じ作業を単に繰り返す職務にやりがいを感じて取り組むことは難しいだろう。一方，創造的な発想が求められたり，自ら工夫や調整ができる職務であれば，やりがいや責任感を感じて，ワークモチベーションを高めるだろう。このように，職務の内容や特徴もまたワークモチベーションと表裏一体の関係を持っていると言える。

（1）職務特性理論

　1970年代の高度経済成長期において大量生産が行われる現場では，一層の効率性をめざして職務の分業化や構造化が推し進められていた。しかし，過度な分業化と構造化は，現場の労働者にとってかえって単調感や不満足感を招くようになった。そのため，どのような職務特性がワークモチベーションにつながるかについて，ハックマンとオールダム（Hackman & Oldham, 1976）は職務特性理論を提唱し，これを基に，労働の現場では職務充実化や職務再設計が行われるようになった。

　職務特性理論では，図4-4に示すように5つの職務特性（技能の多様性，職務のまとまり，職務の重要性，自律性，フィードバック）が，3つの「臨界的心理状態」（職務の有意味性，責任感，結果に関する知識）を作りだし，それがワークモチベーションをはじめその他の職務の成果（職務満足感，質の高いパフォーマンス，欠勤や離職率の低下）をもたらすことを示している。

　職務特性のうち「技能の多様性」とは職務を遂行するうえで多様な知

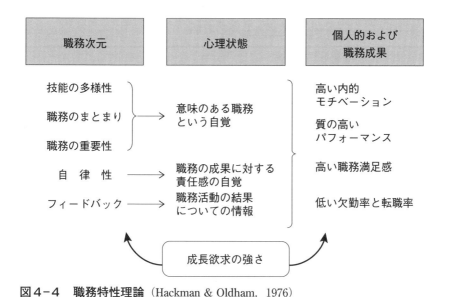

図4-4　職務特性理論（Hackman & Oldham, 1976）

識や技能が求められる程度を意味する。「職務のまとまり」とは，課題
が細かく分業化されるのではなく，最初から最後までまとまりがある程
度を意味する。次いで「職務の重要性」とはその職務が他者の生活や仕
事に重大な影響をもたらす程度を意味し，「自律性」とは職務の手順や
スケジュールを自ら調整できたり，裁量が与えられている程度を意味す
る。最後に，「フィードバック」とは職務の結果の良し悪しに関する情
報を本人にもたらす程度を意味する。

　なお，こうした5つの職務特性がどの人にもワークモチベーションや
職務の成果に効果が認められるわけではなく，その職務に取り組む従業
員の「成長欲求の強さ」によって効果が調整されることが指摘されてい
る。

（2）ジョブ・クラフティング

　職務特性理論に基づく職務再設計では，あくまでも経営管理の視点から職務の在り方を見直すことを意図したものであった。そのことから，外形的職務設計と呼ぶことができる。

　しかし，最近では，同じ職務であったとしても，それに取り組む組織の従業員が，主観的あるいは主体的に，職務に新たな意味を見出したり，職務内容の範囲を拡張したりすることに注目が集まっている。これをジョブ・クラフティング（Wrzesniewski & Dutton, 2001；森永・鈴木・三矢, 2015）と呼ぶ。

　ジョブ・クラフティングには，3つの次元が存在する。1つは，認知クラフティングであり，職務の意義・とらえ方への工夫を行うことである。2つ目は，作業クラフティングである。これは，先の認知クラフティングにおいて，職務への意義を見直した場合に，それを実現するために，取り組む職務の内容や方法を工夫することである。最後の3つ目は，人間関係クラフティングである。これは，職務上関わりのある顧客や上司，同僚への働きかけや関わり方を見直すことである。

　ジョブ・クラフティングは，自ら主体的に職務の意義や内容，関係者との関わりを見なすことから，内生的職務設計と呼ぶことができる。今後，働き方改革などの影響で，テレワークや働き方の自由度が増すにつれて，経営管理として日常的にモチベーションをマネジメントすることが難しくなることが予想される。そのことからも自律的にモチベーションを調整する方法としてジョブ・クラフティングは今後注目される理論である。

64

引用文献

Adams, J.S. (1965). Inequity in social exchange. In L. Berkowitz (Ed.), *Advances in Experimental Social Psychology* (Vol. 2, pp. 267–299). New York, NY : Academic Press.

Alderfer, C.P. (1969). An empirical test of a new theory of human needs. *Organizational Behavior and Human Performance, 4,* 142–175.

Carver, C.S., & Scheier, M.F. (1998). *On the self-regulation of behavior.* New York : Cambridge University Press.

Deci, E.L. (1971). Effects of externally mediated rewards on intrinsic motivation. *Journal of Personality and Social Psychology, 18,* 105–115.

Deci, E.L. (1975). *Intrinsic motivation.* New York, NY : Plenum Press.

Deci, E.D., & Ryan, R.M. (2002). *Handbook of self-determination research.* New York : University of Rochester Press.

古川久敬 (2011). 組織心理学　培風館

Greenberg, J. (1988). Equity and workplace status : A field experiment. *Journal of Applied Psychology, 73,* 606–613.

Hackman, J.R., & Oldham, G.R. (1976). Motivation through the design of work : Test of a theory. *Organizational Behavior and Human Performance, 16,* 250–279.

Lawler III, E.E., & Porter, L.W. (1967). Antecedent attitudes of effective managerial performance. *Organizational Behavior and Human Performance, 2,* 122–142.

Locke, E.A., & Latham, G.P. (1990). *A theory of goal setting and task performance.* Englewood Cliffs, NJ : Prentice Hall.

Maslow, Abraham H. (1954). *Motivation and Personality,* New York : Harper.

Mitchell, T.R. (1997). Matching motivational strategies with organizational contexts. *Research in Organizational Behavior, 19,* 57–149.

森永雄太・鈴木竜太・三矢裕 (2015). 従業員によるジョブ・クラフティングがもたらす動機づけ効果――職務自律性との関係に注目して　日本労務学会誌　16, pp. 20–35.

Taylor, F.W. (1911). *Principles of scientific management.* New York : Harper &

Brothers.（テイラー, F.W. 有賀裕子（訳）(2009). 新訳 科学的管理法——マネジメントの原点 ダイヤモンド社)

Vroom, V.H.（1964）. *Work and motivation*. New York, NY : Wiley.

Wrzesniewski, A., & Dutton, J.E.（2001）. Crafting a job : Revisioning employees as active crafters of their work. *Academy of Management Review, 26*(2), 179-201.

参考文献

レイサム, G.P. 金井壽宏（監修）依田卓巳（訳）(2009). ワークモチベーション NTT出版（ワークモチベーションに関する歴史的変遷から最近の研究動向まで詳細かつ分かりやすくまとめられている。ワークモチベーションをしっかり学びたいと思う方に是非読んで頂きたい一冊。)

ロック, E.A., レイサム, G.P. 松井賚夫（訳）(1984). 目標が人を動かす—効果的な意欲づけの技法 ダイヤモンド社（目標設定理論は，ワークモチベーションの中でも最も科学的で頑健な効果が認められた理論として知られている。その目標設定理論の基礎となる研究知見についてまとめられたのが本書である。単に理論の概要を知るだけでなく，それがどのように検証されたかを学ぶことができる。)

デシ, E.L., フラスト, R. 桜井茂男（訳）(1999). 人を伸ばす力—内発と自律のすすめ— 新曜社（デシによる内発的モチベーションを発展させて，自己決定理論としてまとめられた一冊である。比較的平易に書かれているため，内発的あるいは外発的モチベーション，自己決定理論に興味を持つ人は是非目を通してほしい。)

1．内発的モチベーションが高いときに外的な報酬が付与されるとなぜ内発的モチベーションが低下するのか説明しなさい。

2．目標管理制度が効果を持つための条件を目標設定理論の観点から説明しなさい。

3．職務特性理論とジョブ・クラフティングの共通点と相違点を述べなさい。

5 | 人事評価

柳澤さおり

《**目標＆ポイント**》　本章は，人事評価で評価される内容，人事評価の機能，評価者の情報処理過程とエラー，効果的な人事評価制度運用のための取り組みなどについて解説する。学習目標は，組織で人事評価を行う意味を理解すること，そして評価プロセスや評価方法，人事評価に伴う問題や留意点を理解することである。

《**キーワード**》　人事評価，パフォーマンス，成果主義，評価のエラー，評価者訓練，評価プロセスへの反応

1. 人事評価制度の概要

（1）評価のプロセス

　人事評価は，企業などの組織に勤めるメンバーが一定の期間（半年，もしくは1年であることが多い）中にとった行動や収めた結果（成果，業績）に関して定期的に行う評価のことを指す。評価は評価対象者の上司が行うことが多い。上司に加えて先輩，後輩，顧客などが評価を行うこともある。これは360度フィードバック（多情報源フィードバック）と呼ばれる。

　上司が部下に行う一般的な人事評価の場合，評価期間の期首に，上司と部下との間で期間中の仕事の目標や仕事内容などを話し合う面談が行われる。評価期間中は，上司は部下の行動や行動結果に関する情報を収集する。そして期末の評価面談で，上司と部下との間で評価の値を決め

るための話し合いがなされる。このときに，評価期間中の職務遂行行動に関するフィードバック，今後の仕事の進め方やキャリアについての話し合いなども行われる。

（2）評価の内容

　人事評価において評価される内容は，組織メンバーが職務を遂行し，結果を収める過程と関わっている。図5-1には，仕事の結果が生じる過程の概略が示されている。組織メンバーの職務遂行行動は，そのメンバーが収める結果を決める主要な要因である。この行動は，メンバーの知識，スキル，能力，その他の個人特性である KSAOs（knowledge, skills, abilities, other characteristics）や文脈要因の影響を受けている。KSAOs が職務遂行行動に及ぼす影響はモチベーションに応じて変わる。モチベーションが高い場合に，KSAOs を十分に発揮した効果的な職務遂行行動が取られやすい。

　人事評価では，図5-1の破線で囲まれている，組織メンバーが結果

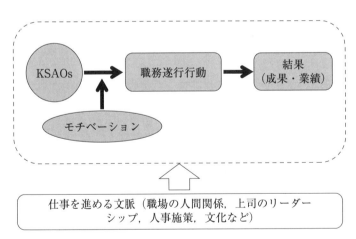

図5-1　仕事の結果が生み出されるまでの過程

を収めるまでの要素が評価の対象となる。

【パフォーマンス】　人事評価で評価される内容をパフォーマンスと表現することもある[1]。モトウィドロら（Motowidlo, Borman, & Schmit, 1997）やキャンベルら（Campbell, 2012；Campbell, McCloy, Oppler, & Sager, 1993）は，パフォーマンスを行動に限定し，職務の遂行結果（成果，業績）はパフォーマンスではないとしている。これに対して，ヴィスウェスヴァラン（Viswesvaran, Schmidt, & Ones, 2005）らは，人事評価研究で評価されたパフォーマンスの内容をレビューし，仕事の質や生産性，すなわち結果も人事評価の対象であるパフォーマンスとされていることを明らかにしている。

　日本では評価内容を，①仕事で収めた仕事の量や質である「結果（業績，成績，成果，目標達成度）」，②企画力，判断力，指導力など仕事において発揮した「能力」，③協調性，積極性，責任性，規律性など仕事を進める際に取った「行動（態度・情意）」に分類することが多い。昨今の日本では，観察できるメンバーの行動のみを評価対象とする企業が増えてきた。この場合には，潜在的な特性である能力についても，その能力を発揮したとみなされる行動を評価するよう評価者は求められる。

　どのような評価次元によって評価対象者を評価するのかは組織によって異なるが，先のヴィスウェスヴァラン（Viswesvaran, et al., 2005）らは，「対人関係能力」，「運営能力」，「質」，「生産性」，「努力」，「職務知識」，「リーダーシップ」，「権威に対する準拠や受容（規律性にあたる）」，「コミュニケーション能力」について評価されることが多いことを明らかにしている。

【コンピテンシー】　近年注目を集め，評価の対象とされることも多いコンピテンシーは，優れた成果を収めるために必要な「知識，スキル，能力，パーソナリティー」を指す場合（Campion, et al., 2011；古川，

---

1)　英語では人事評価を performance appraisal と呼ぶことが多い。

2002など）と優れた成果をもたらす「行動」を指す場合（Bartram et al., 2002など）とがある。前者は，個人の潜在的側面に注目する立場であり，後者は顕在化された行動に注目する立場である。また，どのような仕事においても共通して有効なコンピテンシー（Kurz, Bartram, & Baron, 2004など）と特定の仕事に有効なコンピテンシーに注目する二つのアプローチからコンピテンシーは検討されている。

【成果主義】　成果主義は，人事評価やアセスメントの結果に基づいて組織メンバーが比較的短期間に収めた成果を報酬や処遇に反映させる仕組みである。成果主義における「成果」は，仕事の量・質，目標達成度などの結果のみを指し示すというイメージを持たれがちであるが，評価対象者が取った職務遂行行動や発揮した能力の評価なども含む。

（3）組織における人事評価の機能

　組織において人事評価が果たす機能は，「組織レベル」のものと，個人の態度や行動に関わる「個人レベル」のものとに分けることができる（柳澤，2017）。

【組織レベルの機能】　個々のメンバーの昇給や賞与，昇格や昇進，配置や異動，能力開発などの人的資源管理に関わる決定のための基礎的資料として人事評価は利用される。また，目標管理制度（management by objectives；MBO）を採用している組織では，組織目標の達成手段としても機能する。この制度のもとでは，組織目標から個々のメンバーの目標まで目標が連鎖している。組織目標は部署の目標，そして組織メンバーの個人目標にブレイクダウンされ，各レベルの目標達成度の評価をもとに組織の目標達成度が把握される。

【個人レベルの機能】　人事評価の結果は，評価対象者のモチベーションやその後の行動に影響する。高い評価は評価対象者の仕事に対するモチ

ベーションや職務満足感を高め，次の期の積極的な職務遂行行動を促す。低い評価はモチベーションを低下させる可能性があるが，有益なフィードバックがあれば，評価対象者は長所や短所を含めた自分の現状や適性を把握できる。これにより，その後の学習，行動の変化や成果の向上などにつなげることができる。また，評価面談において，これからの仕事の進め方や今後のキャリアについて上司と話し合うことで，評価対象者は仕事やキャリアに関する将来の見通しやレディネスを形成することができる。

　評価を下す上司は，評価対象者である部下の職務遂行行動を観察し，評価を下し，評価面談で話し合うというプロセスを通じて，個々の部下の職務遂行行動や結果，特性をより深く把握できるようになる。これらのことは，部下との生産的な関係の進展や効果的な職場運営に役立つ。人事評価は上司にとってもメリットがあるが，多くの時間と労力を割かなければならない負担の大きい仕事であるという側面もある。

2.　人事評価の実際

（1）人事評価の情報処理過程

　評価者が評価対象者へ評価を下す過程は，評価対象者の情報を処理する過程である。評価者は，日常業務場面で，評価対象者の職務遂行行動を観察し，その情報を符号化（情報を記憶に取り込む）し，記憶する。期末の評価の際には，評価者は，記憶した情報を想起し，その情報と行動メモや実績が評価できる資料などとを統合して評価対象者の評価を下す。ただし，評価者はかならずしも統合された情報から導きだされる評価を評価シートにそのまま記載するわけではない。評価対象者との人間関係を損ねることや評価対象者のモチベーションを低下させることを懸

念して低い評価を下さないなど意図的に評価を歪めることも多い（Spence & Keeping, 2011など）。

　評価者の情報処理は, 評価者自身の内的要因と評価者とは別の外的要因の影響を受ける。影響が大きい内的要因は, 独自の評価基準や評価対象者が取り組む仕事に関わる知識など評価者が保有する知識体系である。異なる知識体系を持つ評価者間では, 観察したり記憶したりする情報, その情報の解釈などに差異が生じる。外的要因には, 組織から提示される評定尺度, 評価目的などが含まれる。例えば, 評価の目的に応じて, 評価者の情報処理や評価が変わることが分かっている（Jawahar & Williams, 1997；柳澤・古川, 2004など）。

（2）評価の形式

　評価の形式は, 大きく絶対評価と相対評価に分けられる。組織から示された基準をもとに組織メンバーを評価する方法が絶対評価であり, 次のようなものがある。

【図式尺度法】　図式尺度法は, 評価次元（評価項目）ごとに設定された優劣を示すレベルの中で, 評価対象者の行動や能力などを最も良く示すレベルを評価者に選択させる方法である（図5-2参照）。簡便な方法であることから, 利用されることの多い尺度である。

評価項目	レベル				
	S	A	B	C	D
	期待を大きく上回る	期待を上回る	期待通り	期待を下回る	期待を大きく下回る
チームワーク			✔		

図5-2　図式尺度の例（柳澤, 2017）

【行動基準評定尺度法】　優劣を示すレベルを具体的な職務遂行行動例で示し，評価対象者の行動にあてはまるレベルを評価者に選択させる方法が行動基準評定尺度（behaviorally anchored rating scale：BARS）法である。職務に応じた優劣レベルの行動例を設定するために，現場のメンバーが参加し，議論を重ねて尺度を作成するので，煩雑でコストがかかるが，現場の仕事内容に合った実用的な評定尺度となる。

【目標管理法】　目標管理制度のもとで利用される目標管理法（management by objectives method）は，評価期間前に評価期間中に達成する目標を上司と部下が話し合って設定し，期末に目標の達成度を評価する方法である。目標達成度の評価は，事前に決めた達成度のレベルや図式尺度法を用いて評価することが多い。

　相対評価は，複数の評価対象者同士を比較することで，評価を決定する方法である。

【順位法】　同一の部署に所属する複数の評価対象者を，評価次元ごとに優秀な人から順に順位をつける方法が順位法である。

【強制分布法】　各評定レベルに含む人数の分布の割合を事前に固定し，評価対象者を各レベルの既定人数分に割り当てる方法が強制分布法である。

（3）評価にみられるエラー

　人事評価には，さまざまなエラーがみられることが分かっている。評価者の知識構造の利用や記憶など人の情報処理の特徴の影響を大きく受けてこの評価のエラーは生じる。

【分布のエラー】　分布のエラーは，評価尺度の特定の部分に評価が集中する傾向である。このエラーには，評価尺度の高い部分に評価が集中する寛大化傾向，低い部分に評価が集中する厳格化傾向，中心部分に評価

が集中する中心化傾向が含まれる。

【ヘイローエラー】 ヘイロー（halo；後光，光背）エラーは，評価対象者の特定の特性や全体的な印象が複数の評価次元の評価に影響したり，独立した評価次元間の区別を行わずに評価したりするエラーである。

【新近性エラー】 新近性エラーは，評価を下す時と近接した時期に記憶した情報の影響を大きく受けて評価を行うエラーである。

【類似性エラー】 類似性エラーは，評価者が自分と似ている評価対象者を高く評価するエラーである。

　一見エラーのように思われてもエラーでない場合もありうる。例えば，ある人物をすべての評価次元で高く評価した場合には，ヘイローエラーと判断される。しかし実際にその人物はあらゆる点で優れているかもしれない[2]。この場合にはヘイローエラーが生じているとは言えない。正確な評価であるにもかかわらず評価の値だけでエラーと判断してしまう可能性があることに留意しておく必要がある。

3. 効果的な人事評価の運用に向けて

　人事評価は，評価対象者の成長，モチベーション，行動，組織の人的資源管理など広範囲にわたって大きな影響を及ぼす。そのため，効果的な人事評価制度の運用のための取り組みが必要となる。

（1）評価者訓練の実施

　評価者訓練は，評価者がエラーのない正確な評価を行うことを目的として実施される。主要なものとして，評価者エラーを学ぶ訓練（rater error training）と準拠枠訓練（frame-of-reference training）がある。

【評価者エラーを学ぶ訓練】 評価者エラーを学ぶ訓練は，分布のエラー

2）　ヘイローエラーと判断されるような評価であっても，それが評価対象者の実情である場合に真のヘイローと呼ばれる。

やヘイローエラーなどの評価エラーを評価者に理解させ，エラーを回避
させるものである。評価エラーの概念を理解させるような訓練は評価の
正確さを高めるが，具体的な評定値の散らばりを示して適切な評価の分
布を教えるような訓練は評価の正確さを低下させることをメタ分析を用
いた研究（Woehr & Huffcutt, 1994）は明らかにしている。

【準拠枠訓練】　準拠枠訓練は，バーナーディンとバックリー（Bernardin & Buckley, 1981）が提案したものであり，評価対象者の行動の
観察や評価の際に準拠する枠組みを評価者に学習させ，評価者の知識体
系に組み込む訓練である。この訓練では，評価者はまず各評価次元の定
義や評価次元ごとの優劣のレベルに対応する具体的行動例を学習する。
その後に課題を遂行する人物のビデオを見るなどして実際に人物の評価
をする。そして訓練者からその評価の正確さについてフィードバックが
与えられる。準拠枠訓練は，評価対象者の情報の正確な記憶や正確な評
価につながる効果があることが明らかにされている（Roch et al.,
2012；Woehr & Huffcutt, 1994など）。

（2）評価システムに対する評価対象者の反応への注目

　かつては評価者が正確な評価を下すことが人事評価において最重要事
項と考えられていた。しかし近年は組織メンバーの主観的な反応（認
知）が重視されており，その反応が人事評価制度の効果性や組織メンバ
ーのモチベーションに影響すると考えられている（Keeping & Levy,
2000など）。ここでは，注意を払うべき組織メンバーの反応をいくつか
取り上げる。

【公正感】　人事評価と関わる公正は，「手続き的公正」，「分配の公正」，
そして「対人的公正」である。手続き的公正は，評価対象者の行動や結
果が評価される手続きに関する公正さである。この手続きには人事評価

システムの手続きと評価者が評価を下す手続きが含まれる。分配の公正
は，下された評価に対する公正さであり，評価対象者は自分の努力や成
果に見合った評価を与えられたと感じるときに公正感を持つ。対人的公
正は，上司と部下との間で評価について話し合う際の上司の関わり方の
公正さである。上司が部下に対して敬意を払い，気持ちに配慮して評価
面談を進める場合に，部下（評価対象者）の対人的公正感は高まる。評
価対象者の公正感は，組織コミットメントや上司への信頼を高めたり，
組織市民行動を促したりする（Folger & Konovsky，1989など）。

【有用性】　有用性については，人事評価面談の際に受けるフィードバッ
クの有用性の認知について特に検討されてきた。評価対象者は，受け取
ったフィードバックを有用と認知すると，そのフィードバックを今後の
行動に生かす。ラシードら（Rasheed, et al., 2015）は，評価対象者の
フィードバックの有用性の認知が効果的な職務遂行行動を促すことを見
出している。

【満足感】　満足感は，包括的な反応指標である。人事評価制度やフィー
ドバックに対する満足感は，職務コミットメントや組織コミットメント
などを高める（Jawahar，2006；Kuvaas，2006など）。

（3）評価対象者の肯定的な反応に関わる要因

　評価プロセスに対する公正さや有用性，満足感などに関して，評価対
象者の肯定的な反応を引き出す要因としては，以下のようなものがあ
る。

【関与】　評価対象者の関与（participation）が評価対象者の反応に及ぼ
す影響についてはこれまで多く研究されてきた。自己評価を行ったり，
評価面談中に意見を表明したりするなどを通して評価プロセスへ関与す
ることが，評価面談や評価システムに対する満足感，自己開発へのモチ

ベーション，評価の有用性の認知などを高めることをカウリイら（Cawley, Keeping, & Levy, 1998）はメタ分析を用いて明らかにしている。

【上司】　部下（評価対象者）に対して評価を下す上司の要因は，部下の反応に直接的に関わっている。ピヒラー（Pichler, 2012）は，上司への満足感，上司のサポート，上司への信頼は，部下の評価に対する肯定的な反応と関係することを見出している。評価面談中の上司の行動とフィードバックに対する反応を調べたジャワハル（Jawahar, 2010）は，上司による次期の目標設定や成果を高める方法の指摘などが，フィードバックの正確さ，有用性，満足感に関する部下の認知に影響することを明らかにしている。

【評価対象者】　研究は少ないものの，評価対象者の特性によっても，評価に関わる反応は違うことが分かっている。例えば，性別（Geddes & Konrad, 2003）や年齢（Wang, et al., 2015）が評価やフィードバックに対する反応の違いと関係することが見出されている。

　正確な評価や的確なフィードバックが行われても，評価対象者がそれを正確な評価，あるいは役に立つフィードバックと認知しなければ，不満が生じたり，活用されなかったりする。また合理的な人事評価制度を構築しても，組織メンバーがそれを公正なものと認知しなければ，その制度は有効に機能しない。組織メンバーの肯定的な反応を引き出す人事評価システムの構築や運用のための取り組みを組織は行う必要がある。

引用文献

Bartram, D., Robertson, I.T., & Callinan, M. (2002). Introduction : A framework for examining organizational effectiveness. In I.T. Robertson, M. Callinan, & D. Bartram (Eds.), *Organizational effectiveness : The role of psychology* (pp. 1–10). Chichester, UK : Wiley.

Bernardin, H.J., & Buckley, M.R. (1981). Strategies in rater training. *Academy of Management Review, 6*, 205–212.

Campbell JP. (2012). Behavior, performance, and effectiveness in the twenty–first century. In S.W.J. Kozlowski (Ed.), *The Oxford Handbook of Organizational Psychology* (Vol. 1. pp. 159–196). New York : Oxford Univ. Press.

Campbell, J.P., McCloy, R.A., Oppler, S.H., & Sager, C.E. (1993). A theory of performance. In N. Schmitt & W.C. Borman (Eds.), *Personnel selection in organizations* (pp. 35–70). San Francisco, CA : Jossey–Bass.

Campion, M.A., Fink, A.A., Ruggeberg, B.J., Carr, L., Phillips, G.M., & Odman, R.B. (2011). Doing competencies well : Best practices in competency modeling. *Personnel Psychology, 64*, 225–262.

Cawley, B.D., Keeping, L.M., & Levy, P.E. (1998). Participation in the performance appraisal process and employee reactions : A meta–analytic review of field investigations. *Journal of Applied Psychology, 83*, 615–633.

Folger, R., & Konovsky, M.A. (1989). Effects of procedural and distributive justice on reactions to pay raise decisions. *Academy of Management Journal, 32*, 115–130.

古川久敬 (2002). コンピテンシー——新しい能力指標 古川久敬 (監修) コンピテンシーラーニング (pp. 12–39). 日本能率協会マネジメントセンター

Geddes, D., & Konrad, A.M. (2003). Demographic differences and reactions to performance feedback. *Human Relations, 56*, 1485–1513.

Jawahar, I.M. (2006). An investigation of potential consequences of satisfaction with appraisal feedback. *Journal of Leadership & Organizational Studies, 13*, 14–28.

Jawahar, I.M. (2010). The mediating role of appraisal feedback reactions on the relationship between rater feedback–related behaviors and ratee performance. *Group & Organization Management, 35*, 494–526.

Jawahar, I.M., & Williams, C.R.（1997）. Where all the children are above average : The performance appraisal purpose effect. *Personnel Psychology, 50*, 905–925.

Keeping, L.M. & Levy, P.E.（2000）. Performance appraisal reactions : Measurement, modeling, and method bias. *Journal of Applied Psychology, 85*, 708–723.

Kurz, R., Bartram, D., & Baron, H.（2004）. Assessing potential and performance at work : The Great Eight competencies. In *Proceedings of the British Psychological Society Occupational Conference*（pp. 91–95）. Leicester, UK : British Psychological Society.

Kuvaas, B.（2006）. Performance appraisal satisfaction and employee outcomes : Mediating and moderating roles of work motivation. *International Journal of Human Resource Management, 17*, 504–522.

Motowidlo, S.J., Borman, W.C., & Schmit, M.J.（1997）. A theory of individual differences in task and contextual performance. *Human Performance, 10*, 71–83.

Pichler, S.（2012）. The social context of performance appraisal and appraisal reactions : A meta–analysis. *Human Resource Management, 51*, 709–732.

Rasheed, A., Khan, S., Rasheed, M.F., & Munir, Y.（2015）. The impact of feedback orientation and the effect of satisfaction with feedback on in–role job performance. *Human Resource Development Quarterly, 26*, 31–51.

Roch, S.G., Woehr, D.J., Mishra, V., & Kieszczynska, U.（2012）. Rater training revisited : An updated meta–analytic review of frame–of–reference training. *Journal of Occupational and Organizational Psychology, 85*, 370–395.

Spence, J.R., & Keeping, L.（2011）. Conscious rating distortion in performance appraisal : A review, commentary, and proposed framework for research. *Human Resource Management Review, 21*, 85–95.

Viswesvaran, C., Schmidt, F.L., & Ones, D.S.（2005）. Is there a general factor in ratings of job performance? A meta–analytic framework for disentangling substantive and error influences. *Journal of Applied Psychology, 90*, 108–131.

Wang, M., Burlacu, G., Truxillo, D., James, K., & Yao, X.（2015）. Age differences in feedback reactions : The roles of employee feedback orientation on social awareness and utility. *Journal of Applied Psychology, 100*, 1296–1308.

Woehr, D.J., & Huffcutt, A.I.（1994）. Rater training for performance appraisal : A quantitative review. *Journal of Occupational & Organizational Psychology, 67*, 189–205.

柳澤さおり（2017）．人事評価　池田浩（編）ライブラリ　心理学を学ぶ9　産業と組織の心理学（pp. 35–52）．サイエンス社

柳澤さおり・古川久敬（2004）．人事評価に及ぼす評価目的の影響　実験社会心理学研究, *43*, 185–192.

参考文献

高橋潔（2010）．人事評価の総合科学：努力と能力と行動の評価　白桃書房（実証的データなどをもとに，学術的な観点と実務的な観点から人事評価についてまとめられている。）

上林憲雄（2015）．人的資源管理　中央経済社（人事評価を大所高所からとらえるために理解する必要のある人的資源管理について分かりやすく書かれている。）

学習課題

1．ある組織が人事評価制度を導入する前と導入した後で，組織全体や組織メンバーにどのような違いが生じる可能性があるのかを分析しなさい。

2．会社を舞台としたドラマを見て，複数の登場人物を複数の評価次元で評価しなさい。そしてその評価を下した自分の情報処理過程を振り返り，正確な評価を行うにはどうしたら良いのかを考察しなさい。

6 │ リーダーシップ

│ 池田　浩

《**目標＆ポイント**》　リーダーシップは組織の成果を左右する重要な概念であ
ることから産業・組織心理学では古くから莫大な研究が行われてきた。本章
では，リーダーシップとは何かを理解する，そして，メンバーを動機づけて
目標達成へと導くための効果的なリーダーシップについて概説する。また，
リーダーがダークサイドに陥る条件も紹介する。
《**キーワード**》　リーダーシップ，PM理論，コンティンジェンシー・アプロ
ーチ，変革型リーダーシップ，サーバント・リーダーシップ，リーダーシッ
プのダークサイド

1．組織の存続と成長に不可欠なリーダーシップ

　私たちの世の中には企業や病院，学校，公的機関など多様な組織が存
在している。それぞれ組織の特徴は異なるものの，そのすべての組織に
共通していることは，何らかの課題を抱えていることである。それは，
企業であれば製品やサービスを生み出し，それを消費者に提供すること
であり，病院であればその地域で疾病を抱える患者に治療を施すことで
ある。こうした組織が取り組む課題は，決して一人では完遂できない。
ほとんどが，組織のメンバー（成員）による協働や連携によって成し遂
げられる。その際に組織や職場集団で目標を掲げ，複数のメンバーを動
機づけて導く役割を担うのがリーダーである。そのため，リーダーの影
響力いかんによってメンバーの意欲や活動，そして後続する成果を左右

するのは想像に難くない。

（1）リーダーシップとは何か

リーダーシップという用語はビジネスやスポーツの現場など日常的に用いられているため，多様な意味で理解されていることが少なくない。しかし，本章の内容を適切に理解するためには，リーダーシップが意味すること（定義）を明確にしておく必要があるだろう。リーダーシップ研究で著名なラルフ・ストッディル（Stogdill, 1974）は，リーダーシップを"集団目標の達成に向けてなされる集団の諸活動に影響を与える過程"であると包括的に定義している。換言すると，目標達成に至るさまざまな活動において，メンバーを方向づけ，やる気を引き出し，協力・連携を促すように導く（リードする）影響力のことをリーダーシップととらえることができる。

（2）リーダーの影響力の源

リーダーシップは，リーダーによる働きかけに対してメンバーが受容してはじめて成立する現象である。たとえ，リーダーが声高に働きかけたとしても，"笛吹けど踊らず"では成果は期待できない。では，メンバーはどのようにリーダーを受容するようになるのだろうか。メンバーがリーダーシップを受け入れる要件として下記の２つが想定される。

１つは，メンバーがリーダーを「信頼する」ことである（Kouzes & Posner, 1993）。ただし，リーダーに対する信頼は決して１つの種類だけではない。マクアリスター（McAllister, 1995）は，リーダーに対する信頼を，有能さなどに基づく「認知的信頼」（cognition–based trust）と情緒的な絆に基づく「情緒的信頼」（affect–based trust）の２つが存在することを明らかにしている。しばしばリーダーに必要な特性とし

て，カリスマや献身性などの重要性が取り上げられるが，カリスマは前者の認知的信頼を，そして献身性は後者の情緒的信頼と密接に関わっていると理解できる。

　リーダーへの信頼が特に必要とされるのは組織変革の局面である。組織が絶え間なく変化する経営環境に適応するためには，経営課題や人事制度の変革だけでは十分でなく，メンバーにとってもこれまで培ってきたノウハウや価値観を見直すことが求められるために，変化に対する心理的抵抗が産まれかねない。そうした中でも，メンバーがリーダーによる変革行動を受け入れるためには，リーダーが従来とは異なる行動をとっても許容し信頼する「特異性信頼」（idiosyncrasy credit）を日頃から蓄積していくことが求められる（Hollander, 1978）。

　2つ目は，リーダーとメンバーとの関係性の質である。従来のリーダーシップ研究のほとんどがリーダーからメンバーへの単一方向的な働きかけを想定したものであったが，リーダーとメンバーとの二者関係の質に着目したのが，グラーエンとウルビエン（Graen & Uhl-Bien, 1995）によるリーダー──メンバー交換関係（Leader-Member Exchange：LMX）理論である。LMX理論では，リーダーシップの基本体系をリーダーとメンバーとの2者関係を基本とし，それぞれの総体によって職場集団が構成されると考える。リーダーとメンバーが良好な関係を築いている高質なLMX関係では，相互によるサポートや信頼関係，忠誠心などを抱くようになる。

（3）集団の機能としてのリーダーシップ

　リーダーシップとは，多くの場合，組織や職場において管理職などの特定の地位に就いているリーダーについて議論されることが多い。しかし，リーダーシップは，公式なリーダーだけでなく一般のメンバーも発

揮することができるものである。例えば，ある特定のメンバーが，リーダーとともに職場を導いたり，また他のメンバーを励まして鼓舞していればそれもリーダーシップと言える。

　実際，最近では，公式的なリーダーとサブリーダーやリーダーとインフォーマル（非公式）リーダーなど複数の人物がリーダーシップを分担する「分有型リーダーシップ」(Gronn，2002)の有効性が明らかにされている。さらに，プロジェクトチームや医療チームなど時限的で特定の目的のために集められたチームでは，公式的なリーダーだけでなく，メンバーも分け隔て無くリーダーシップを発揮する「共有型リーダーシップ」が効果的であることも明らかにされている（Pearce & Conger，2003)。

2. 効果的なリーダーシップ

（1）行動アプローチ

　リーダーシップの初期の関心は，どのような特性（パーソナリティや知能など）を持つ人がリーダーとして頭角を表し，また集団としての業績を上げられるかであった。これを特性アプローチと呼ぶ。しかし，一貫した結果が得られなかったことから，1940年後半頃から衰退の一途をたどっていった。そして，1950年代頃からは，集団の業績につながる効果的なリーダー行動の解明に関心が集まるようになった。その代表的な研究として，ハーバード大学のベールズ（R. Bales，1950）は，あらかじめリーダーが存在しない討議集団においてメンバー間の相互作用を観察し，課題行動（他者に示唆を提供したり，意見を述べたりする行動）と社会・情緒的行動（連帯性を示したり，緊張緩和を示したりする行動）の2つに大別できることを明らかにした。また，ストッディルらのオハイオ州立大学のグループ（Halpin & Winer，1957）は，職場の管理

者（リーダー）の行動を部下から多数収集し，それを基に150の質問項目からなる「リーダー行動記述調査票」（LBDQ）を開発した。そして，そのデータを因子分析によって分析し，職務活動を明確化したり，部下の役割や責任を定義する，「構造づくり」行動とリーダーと部下との相互の尊敬や信頼を作り出す「配慮」行動の2つの因子を明らかにした。

　その他，関連する研究でも，名称こそ異なるもののいずれの研究においても2次元に集約されている。すなわち，集団の目標を達成することや課題の取り組みに志向した「課題志向的行動」，そして集団内の人間関係の維持や，チームワークや雰囲気の醸成，さらにはメンバーの満足感を充たすことなどに志向した「人間関係志向的行動」である。これらは「リーダー行動の不動の2次元」と呼ばれている（金井，2005）。

　このリーダー行動の2次元はどちらが有効かではなく，双方を高い水準で兼ね備えたリーダーシップ・スタイルが最も効果的であることを説いたのが三隅（1984）によるPM理論である。この理論では，リーダーシップをP機能とM機能の2つに分類している。P機能とは，課題達成（Performance）機能を意味し，メンバーを最大限働かせる，仕事量をやかましくいう，所定の時間までに仕事を完了するように要求する，目標達成の計画を綿密に立てるなどの行動を指す。それに対して，M機能と

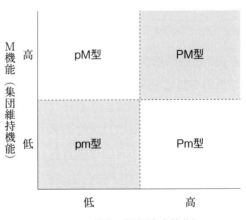

図6-1　PM理論（三隅，1984より作成）

は，集団維持（Maintenance）機能を意味し，リーダーがメンバーを支持する，立場を理解する，信頼する，優れた仕事をしたときには認める，公平に扱うなどのリーダー行動を意味する。そして，これら2つの機能には高低2水準があると考え，それぞれの組み合わせによって，図6-1のように4つに類型化することができる。

pm（スモール・ピー・エム）：課題達成機能および集団維持機能の両側面について消極的なリーダー行動を意味する。

Pm（ラージ・ピー，スモール・エム）：課題達成や目標達成に関わるリーダー行動を特に実践しているのに対し，メンバー間の人間関係や集団内の雰囲気には配慮していないことを意味する。

pM（スモール・ピー，ラージ・エム）：課題達成に関わる行動よりはむしろ，集団内の人間関係の調和やメンバーの情緒的な面に配慮することに重点を置くリーダー行動のパターンを意味する。

PM（ラージ・ピー・エム）：課題達成や目標達成を強調しながらも，同時に集団内の人間関係や雰囲気にも配慮するリーダー行動のパターンを示す。

PM理論に基づく研究は，我が国では多様な組織やリーダーの職位別に莫大な知見が蓄積されている。それらを通じて，PM理論が示唆する最も重要な知見は，4つのタイプのリーダーシップ・スタイルのうち，PM型リーダーが集団の生産性やメンバーの満足感，意欲に対して最も効果的であるということである。

（2）コンティンジェンシー・アプローチ

行動アプローチは，集団の生産性に対する効果的なリーダーシップを明らかにしようとするものである。それに対して，1960年代後半から，

効果的なリーダーシップは，リーダーや集団を取り巻く種々の「状況」によって異なることを主張する新しいアプローチが誕生した。これを，コンティンジェンシー・アプローチと呼ぶ。このアプローチの先駆けになったのが，フィードラー（Fiedler, 1967）によるコンティンジェンシー理論である。

　このモデルでは，まずリーダーシップのスタイルを LPC 得点によって把握する。「LPC」とは，Least Preferred Co-worker の頭文字を組み合わせたものであり，「一緒に仕事をするうえで最も苦手な仕事仲間」を意味する。質問紙では，リーダーにこうした苦手な仕事仲間を一人思い出してもらい，その人を肯定的にとらえている度合いを尋ねる。LPC 得点の高いリーダー（高 LPC リーダー）は"人間関係の維持"に動機づけられていることから「人間関係志向的リーダー」，そして LPC 得点の低いリーダー（低 LPC リーダー）は"課題の達成"に動機づけられていると考えられ，「課題達成志向的リーダー」と表す。

　次に，集団の状況は「リーダーとメンバーの関係のよさ」，「課題が構造化されている程度（仕事の目標，手続きの明瞭さ）」，そして「リーダーの持つ地位勢力」の３つの要因からとらえる。そして，図6-2に示すように，リーダーシップ・スタイルと集団状況との組み合わせによって，リーダーシップの有効性が明らかになる。

　図6-2では，例えば，集団状況がリーダーにとって有利な状況（リーダーとメンバーの関係が良好で，課題が構造化されている程度が高く，リーダーの地位勢力も強い）や不利な状況（リーダーとメンバーの関係が悪く，課題が構造化されている程度が低く，リーダーの地位勢力も弱い）では，低 LPC の課題達成志向的リーダーが集団の生産性に対して有効であることを示している。他方，集団状況がリーダーにとって中程度に有利な状況，すなわち集団状況を表す３要因が，リーダーにと

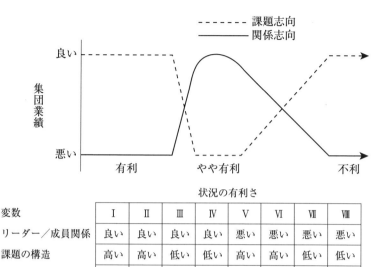

集団業績

課題志向
関係志向

良い

悪い

有利　　　　やや有利　　　　不利

状況の有利さ

変数	I	II	III	IV	V	VI	VII	VIII
リーダー／成員関係	良い	良い	良い	良い	悪い	悪い	悪い	悪い
課題の構造	高い	高い	低い	低い	高い	高い	低い	低い
地位の勢力	強い	弱い	強い	弱い	強い	弱い	強い	弱い

図6-2　コンティンジェンシーモデル（Fiedler（1967）を基に
作成）

って有利な状況と不利な状況が混在している場合（例：リーダーと成員
との関係が悪く，課題の構造化が高く，リーダーの地位勢力が高い）に
は，高 LPC のリーダーが集団生産性に対して有効であることを示して
いる。

　このモデルは，リーダーシップの効果性がさまざまな状況に応じて異
なることを明らかにした点で，その後のリーダーシップ研究に大きな影
響を及ぼした。

　この他，ハーシーとブランチャード（Hersey & Blanchard, 1977）
は，リーダーシップ・スタイルが効果的であるかはメンバーの成熟度に
関係するとし，SL 理論（situational leadership theory）を提唱してい
る。この理論では，メンバーの成熟度の高さに応じて，リーダー行動の

指示的行動と協労的行動のそれぞれの必要性が異なることを示している。すなわち，メンバーの成熟度が低いほど，指示的行動を中心としたリーダーシップが求められるのに対し，成熟度が高くなるにつれて，メンバーの自主性や自律性を尊重したリーダーシップが有効であることを示している。

　SL理論では，メンバーが成熟するにつれて，リーダーによる働きかけの必要性が低下することを意味していた。これと関連して，明確な職務マニュアルが存在し，職場の人間関係が円滑であれば，リーダーによる指示や配慮の必要性も無くなってくる。カーとジャミア（Kerr & Jermier, 1978）は，このような組織内のさまざまな環境要因がリーダーシップの代わりを果たすとして「リーダーシップ代替論」（substitutes for leadership）を唱えている。

（3）組織変革とリーダーシップ

　1980年後半になると，米国では多くの企業組織で組織変革が叫ばれるようになる。こうした要請から，組織を変革することをめざした「変革型リーダーシップ」（transformational leadership）に関心が集まるようになった。バス（Bass, 1985）は，変革型リーダーシップをメンバーに影響を及ぼすリーダーの効果性の観点から定義している。それによると，リーダーは，メンバーに明確かつ理想的な目標の重要性や価値を気づかせて，組織のために私欲から抜け出させ，そしてより高いレベルの欲求を活性化させることで，メンバーの質を変容することをめざしている。変革型リーダーシップは4つの要素から構成されている。

　理想的影響：メンバーに対してロールモデルとして同一化を引き出す行動

　モチベーションの鼓舞：ビジョンを示しながらメンバーのモチベーシ

ョンを喚起すること

　知的刺激：メンバーに既存の問題を認識させ，新しい考え方や視野を広げて刺激を与えること

　個別的配慮：メンバー個々の達成や成長のニーズに注意を払って，仕事をサポートしたり，適切な助言を行う行動

　なお，これまでのリーダーシップ理論は，基本的に組織内部に関心があり，メンバーとの相互交流を通じて，目標や課題を確実に遂行することをめざしたものであった。これを「交流型リーダーシップ」（transactional leadership）と呼ぶ。

　これまでの研究では，変革型リーダーシップは，交流型リーダーシップよりも，組織の業績やメンバーの満足感，モチベーションに効果的であることが明らかになっている。ただし，どちらか一方を発揮するのではなく両方を兼備することが最も望ましいとされている。

（4）フルレンジ・リーダーシップ

　アボリオ（Avolio, 1999）は，変革型リーダーシップやその他の研究を踏まえて，全方位的なリーダーシップを統合して「フルレンジ・リーダーシップ」（full range leadership）を提唱している。

　このモデルでは，リーダーシップを「変革型リーダーシップ」（4つのI's），「交流型リーダーシップ」（パフォーマンスに即応した報酬行動，能動的な例外時罰行動，受動的な例外時罰行動），そして「放任型リーダーシップ」（ほとんどリーダーシップを発揮しない）の5つに分類している。そして，これらのリーダーシップは図6-3に示すように「効果的—非効果的」と「積極的—消極的」，そして「頻度」の3次元上で表される。そしてこのフルレンジ・リーダーシップの視点から，最適なリーダーシップとは，座標軸の右上にある（効果的で積極的）リーダ

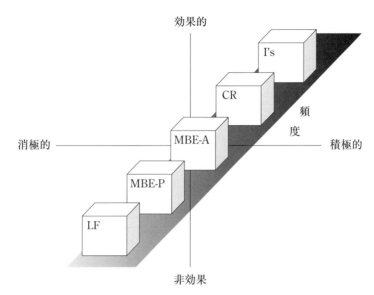

●変革型リーダーシップ　　　　●交流型リーダーシップ
I's…4つのI'sからなる変革型　　CR…パフォーマンスに即応した報酬行動
　リーダーシップ　　　　　　　MBE-A…能動的な例外時罰行動
　・理想的影響　　　　　　　　MBE-P…受動的な例外時罰行動
　・モチベーションの鼓舞　　　※LF…放任的リーダーシップ
　・知的刺激
　・個別的配慮

図6-3　フルレンジ・リーダーシップ（出所：Avlio, 1999）

ーシップを発揮している頻度が多い状態である。すなわち，第1に変革型リーダーシップ，そして第2にパフォーマンスに即応した報酬行動（交流型リーダーシップ）の順の頻度で発揮していることが望ましいとされている。

　逆に，非効果的なリーダーシップとは，座標軸の左下のリーダー行動の頻度が高い状態を指す。つまり，第1に放任的リーダーシップ，第2に例外時罰行動の順の頻度で発揮しているリーダーシップ・スタイルで

ある。

（5）フォロワーを後方支援するサーバント・リーダーシップ

　組織において変革が求められる時には，カリスマ性や絶大な存在感と影響力を発揮しながら，メンバーを導くリーダーシップが待望された。しかし，2000年以降，グローバル化をはじめさまざまな環境の変化に伴って，メンバーが自律的に職務に取り組み，そしてメンバー同士も密接な連携や協力を行うことが求められている。こうした社会的な要請から，近年，新しいリーダーシップ論として，メンバーを下から支え奉仕する「サーバント・リーダーシップ」の意義と可能性に関心が集まっている。

　これまでのリーダーシップでは，リーダーはメンバーに対して上から指示・命令して影響力を発揮することが暗黙に想定されてきた。それに対して，サーバント・リーダーシップとは，グリーンリーフ，R.K.（1970）が提唱した理論で「リーダーである人は，まず相手に奉仕し，相手を導くもの」という実践哲学に基づき，メンバーを支え，支援し，めざすべき方向へ導くことを指す。サーバント・リーダーシップに関する実証的な知見は，昨今蓄積されてきたばかりであるが，最近の研究から，サーバント・リーダーシップは，メンバーからの信頼獲得につながり，メンバーの自律的なモチベーションを醸成するだけでなく，職場においても協力する風土の醸成につながることが明らかにされている。

3．リーダーシップのダークサイドと倫理性

　リーダーシップが脚光を浴びる一方で，近年，リーダー（管理者や経営者）によるネガティブな問題事象も数多く発生している。例えば，リ

ーダーによる不正や違法行為，あるいはハラスメントの問題も我が国で大きな社会的問題となっている。これらは，リーダーシップのダークサイドの側面を如実に表している。

（1）リーダーシップのダークサイド

　昨今，組織を蝕み有害な影響を与える破壊的リーダーシップについて検討されはじめている。破壊的リーダーシップとは，包括的に「組織の目標，課題，資源，有効性，または部下のモチベーション，ウェルビーイング，組織満足度を衰えさせたり妨害したりすることによって，組織の正当な利益を侵害するような，システマティックに繰り返されるリーダーや上司や管理者の行動」と定義される（Einarsen, Aasland, & Skogstad, 2007）。

　この定義には，破壊的リーダーシップを理解するうえで2つの重要な視点が含まれている。1つは，リーダーによる破壊的な行動に「意図性」（intentionality）が含まれている点である。すなわち，リーダーが意図せずに部下を傷つけてしまうのではなく，明らかに悪意や貶める意図を持ち，部下に有害な影響を及ぼしているのである。2つ目は，単に効果的なリーダーシップが十分に発揮されていないことではなく，明らかに破壊的リーダーシップに関連する有害な行動を積極的に行っていることである。

（2）何がリーダーをダークサイドに陥らせるのか

　破壊的リーダーは，最初からダークサイドに墜ちていたわけではない。ダークサイドに墜ちる前には，組織の目標を達成すべく，集団に対して必要とされる効果的なリーダーシップを発揮していた（しようとしていた）はずである。では，何がリーダーをダークサイドに陥れるのだ

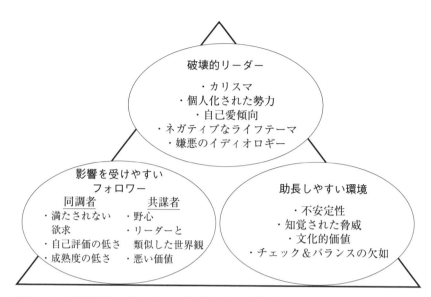

図6-4 破壊的リーダーシップを引き出す「有害な三角形」(toxic triangle)
（出典：Padilla, Hogan, & Kaiser（2007）を基に作成）

ろうか。

　これに関して，パディラ，ホーガン，カイザー（Padilla, Hogan and Kaiser, 2007）は，破壊的リーダーシップを引き出す要因として，図6-4に示すように「有害な三角形」（toxic triangle）を提唱している。

　1つは，リーダー自身の要因である。例えば，上述した「カリスマ」も集団目標の達成に志向した社会化されたカリスマであれば効果的に機能するが，自己の利益や目的に志向した個人志向的なカリスマは①メンバーの欲求や権利を無視するようになり，そして②組織に向けられた忠誠心を，リーダーに移行するように促し，それが結果として組織の成果に悪影響を及ぼすようになる。

　また傲慢や誇張，自己陶酔などの特徴を有する自己愛傾向（narcis-sism）も破壊的リーダーにつながる要因である。ただし，自己愛傾向は，リーダーにとって常に有害な影響を持つわけではなく，一定程度はリーダーにとって必要な特性である。すなわち，自己愛傾向のリーダーは，自信を持ち，ビジョンを掲げ，それによってメンバーを動機づける機能を持つ。しかし，自己愛傾向の程度が強すぎると，リーダーは傲慢になり，誇大な計画を掲げるようになる。

　2つ目は，メンバーに関する要因である。盲目的にリーダーの意向に同調するメンバーや，リーダーにごまをするメンバーの存在は，かえってリーダーはメンバーを自己利益のために扱おうとするようになる。一方で，リーダーの指示や意向を無視し，挑戦的なメンバーの存在も，リーダーの侮辱的管理を引き起こすことが指摘されている（Tepper, 2000）。

　3つ目は，破壊的リーダーを「助長しやすい環境」である。組織を取り巻く環境が不安定であるほど，かつてより我々は強力なリーダーを待望しやすい。それがかえって，破壊的リーダーや自己志向的カリスマを生み出す可能性を高めてしまう。また，リーダーに与えられる権力（勢力）の大きさも，リーダーをダークサイドに引き込む要因である。

96

引用文献

Avolio, B.J. (1999). *Full leadership development : Building the vital forces in organizations.* Thousand Oaks, CA : Sage.

Bales, R.F. (1950). Interaction process analysis : A method for the study of small groups. Chicago : University of Chicago Press. (ベールズ, R.F. 手塚郁恵 (訳) (1971). グループ研究の方法 岩崎学術出版社)

Bass, B.M. (1985). Leadership and performance beyond expectations. New York : Free Press.

Einarsen, S., Aasland, M.S. and Skogstad, A. (2007). Destructive Leadership Behavior A Definition and Conceptual Model. *Leadership Quarterly, 18,* 207-216.

Fiedler, F.E. (1967). A theory of leadership effectiveness. New York : McGran-Hill. (フィードラー, F.E. 山田雄一 (訳) (1970). 新しい管理者像の探求 産業能率短期大学出版部)

Graen, G.B., & Uhl-Bien, M. (1995). Relationship-based approach to leadership : Development of leader-member exchange (LMX) theory of leadership over 25 years : Applying a multi-level multi-domain perspective. *Leadership Quarterly, 6,* 219-247.

Greenleaf, R.K. (1970). *The Servant as Leader, Indianapolis.* IN : Greenleaf Center.

Gronn, P. (2002). Distributed leadership as a unit of analysis. *Leadership Quarterly, 13,* pp. 423-451.

Halpin, A.W., & Winer, B.J. (1957). A factorial study of the leader behavior descriptions. In R.M. Stogdill & A.E. Coons (Eds.), *Leader behavior : Its description and measurement.* Columbus : Ohio State University, Bureau of Business Research. pp. 39-51.

Hersey, P., & Blanchard, K.H., (1977). *The management of organizational behavior.* Englewood Cliffs, NJ : Prentice Hall.

Hollander, E.P. (1978). *Leadership dynamics : A practical guide to effective relationships.* New York : Free Press.

Kerr, S., & Jermier, J.M. (1978). Substitutes for leadership : Their meaning and measurement. *Organizational Behavior and Human Performance, 22,* 375-403.

Kouzes, J.M., & Posner, B.Z., (1993). *Credibility : How leaders gain and lose it, why people demand it.* San Francisco, CA : Jossey-Bass Publishers.

McAllister, D.J. (1995). Affect-based and cognition-based trust as foundations for interpersonal cooperation in organizations. *Academy of Management Journal, 38,* 24-59.

三隅二不二 (1984). リーダーシップ行動の科学（改訂版） 有斐閣

Padilla, A., Hogan, R., & Kaiser, R.B. (2007). The toxic triangle : Destructive leaders, susceptible followers, and conducive environments. *Leadership Quarterly, 18,* 176-194.

Pearce, C.L., & Conger, J.A. (2002). *Shared leadership : Reframing the hows and whys of leadership.* Thousand Oaks, CA : Sage.

Stogdill, R.M. (1974). *Handbook of leadership : A survey of theory and research.* New York : Free Press.

Tepper, B.J. (2000). Consequences of abusive supervision. *Academy of Management Journal, 43,* 178-190.

参考文献

金井壽宏 (2005). リーダーシップ入門　日経文庫（リーダーシップについて最初に読むとすれば本書であろう。経営学と心理学の視点からリーダーシップについて，分かりやすく，かつ幅広くまとめられている。）

三隅二不二 (1984). リーダーシップ行動の科学（改訂版） 有斐閣（PM 理論についてまとめられた専門書である。PM 理論が我が国のさまざまな組織で検証されてきた研究成果を知ることのできる一冊である。）

坂田桐子（編著）(2016). 社会心理学におけるリーダーシップ・パースペクティブⅡ　ナカニシヤ出版（リーダーシップ研究の最近のテーマについて最新の研究成果をレビューした専門書である。サーバントリーダーシップや LMX 理論，共有型リーダーシップなど，より踏み込んで学びたい方におすすめの書籍である。）

学習課題

1．メンバーがリーダーシップを受容するための要件を述べなさい。
2．リーダーシップの2要因論とPM理論との共通点と相違点を述べなさい。
3．サーバント・リーダーシップが，メンバーからの信頼獲得や自律的なモチベーションにつながる理由を述べなさい。

7 | 職場の対人関係と組織文化

三沢　良

《**目標＆ポイント**》　職場では，メンバーが互いに協力し，影響を与え合いながら仕事に取り組んでいる。本章では，職場の対人関係と集団・組織の特性，およびその影響について学び，組織における人間行動に関する理解を深める。

《**キーワード**》　コンフリクトマネジメント，集団規範，心理的安全性，チームワーク

1.　職場の対人関係

（1）職場の対人関係の特徴

　組織では，営業や経理などの部門を編成し，業務や役割を分業することで，仕事の効率化が図られている。この公式な仕事の分業構造を基本として，職場にはさまざまな対人関係が構築されている。

【**水平的関係と垂直的関係**】　職場のメンバーには，各自が責任を持つ仕事が細かく割り振られている。この業務分担が水平方向の分業であり，メンバーは互いの業務に関する情報を伝達・共有しあう水平的関係を築く。また，水平方向の分業は効率化に有効だが，一方で担当業務の異なるメンバー間で仕事の進め方や考え方の違いを生む。そこで，全体として活動を統合するために，職位に応じて決定権限を付与し，指示命令系統を明確にする垂直方向の分業が必要となる。この職位の階層に基づきつくられる上司一部下の関係が，垂直的関係である。

【公式な関係と非公式な関係】　水平的関係と垂直的関係は，組織図や役割分担表に明示される公式な関係である。これに加え，メンバーの親密さや社交的なやりとりにより，非公式な関係も自然に発生する。趣味や気が合う仲間集団，権力派閥や学閥などが，その例である。

　職場では，公式／非公式な関係が二重，三重に入り組んで形成されている。非公式な関係が，職場での活動や業務の遂行へ影響することもあるため，双方の関係に着目し，職場の対人関係を理解する必要がある。

【協調的関係と競争的関係】　職場の対人関係には「協調」と「競争（対立）」という相矛盾する性質が含まれる。前述のように，組織には分業による協力が必要なため，メンバーは協調的関係をつくる。一方で，担当業務や役割，地位などの違いから，メンバー間で意見が食い違い，競争的関係もつくられる。

　これらの両方が存在することに加え，感情的な問題から，メンバー同士の意見が衝突し，争いや対立が起こることがある。こうした対人的なトラブルやもめごとは葛藤（コンフリクト）と呼ばれ，職場で協力することへのためらいや業務の停滞を招くことがある。また，当事者が他者への不信や不安から精神的な不調をきたすなど，副次的な悪影響もある。

（2）コンフリクトマネジメント

　上司と部下，メンバー同士の意見の対立，部署間での摩擦など，職場の対人関係で一定の葛藤が生じることは避けられない。逆に葛藤が全く発生していない職場は，かならずしも健全とは言えない。メンバーが意見の表明をためらって葛藤が抑圧されれば，表面的には波風が立たないが，目標達成や新たな挑戦への活力も職場から失われる恐れがある。

　雇用形態や働き方の多様化が進む現在の組織では，これまで以上に職

場で葛藤が発生しやすくなると予想される。そのため，葛藤の発生を単に回避するのではなく，むしろ顕在化した葛藤を手がかりに，職場内でどのような見解の相違や価値観のずれがあるのか，問題点を把握して職場の活性化や変革につなげる方が有益であろう。

　葛藤の職場への悪影響を最小限に留めつつ，当事者が協力して発展的な問題解決を図るコンフリクトマネジメントの視点を持つ必要がある。そのためには，職場の対人関係で生じる葛藤の性質と，その適切な解決の在り方について，理解しておくことが重要となる。

【課題葛藤と関係葛藤】　職場の葛藤は，課題葛藤と関係葛藤に区別できる（Jehn, 1995）。課題葛藤とは，仕事の方針や手順などに関して，メンバー間で意見が対立することを指す。役割や立場が異なるメンバーが各自の責任を果たそうとする過程で，課題葛藤は必然的に生じる。そのため課題葛藤は，業績の高い職場でも適度に生じており，意思決定の質を高めるのに有効とされている。一方，関係葛藤は，性格の不一致や価値観の違いによる感情的な対立であり，当事者間での嫉妬，敵意，緊張として現れる。また，メンバーの信頼関係を損ない，助け合いを抑制し，業績の低下を招くなどの悪影響がある（De Dreu & Van Vianen, 2001）。

　以上から，課題葛藤は職務への積極的な貢献姿勢として歓迎し，関係葛藤は極力回避することが得策と言える。しかし，それだけではコンフリクトマネジメントの視点としては不十分である。職場では，課題葛藤と関係葛藤が同時に起こることが多い（Simons & Peterson, 2000）。当初は課題葛藤として存在した問題を，メンバーが「相手の性格が悪い」「相手の意見がおかしい」と誤って認識してしまい，関係葛藤が誘発されることもある。葛藤の争点を見極めたうえで，両者を混同せず，適切に対処することが求められる。

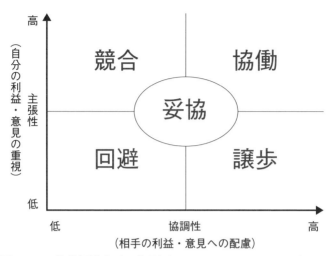

図7-1　葛藤解決方略の類型（Thomas, 1976を基に作成）

【葛藤の解決方略】　葛藤が職場に有害となるか有益となるかは，葛藤の内容よりも，それをどうマネジメントするかに左右される。トーマス（Thomas, 1976）は，葛藤の解決方略を，自分の利益や意見を重視する「主張性」と他者の利益や意見に配慮する「協調性」の2次元で整理し，その組み合わせによって以下の5つに類型化している（図7-1）。

　競合：相手を犠牲にして，自らの利益を確保しようとする。
　譲歩：自分を犠牲にして，相手の要求を満たそうとする。
　妥協：双方がある程度の利益を得られる範囲で折り合いをつけて譲りあう。競合と譲歩の中間にあたる方略である。
　協働：双方の主張を統合した解決策を模索する。譲歩することなく，互いの利益が最大となるように協力する。
　回避：関与をやめて問題を放置し，葛藤の解決を先延ばしにする。
　一般に，葛藤解決には「協働」方略が最も有効とされている。こうし

た葛藤の建設的な解決には，当事者が対立の原因を冷静に直視しつつ，対話を展開することが必要となる。対話を通じて，当事者は(a)相手の立場や要求内容について情報を得て，(b)交渉の中での提案に対する相手の反応を知り，そこから合意の範囲を推測し，(c)統合的な合意をめざして互いに協力して解決策を練り上げることが可能になる（大渕，2015）。

　ただし，双方が納得のいくまで対話して解決策を見出すことは容易でなく，時間もかかる。問題の性質や切迫度などを考慮し，解決方略を選択することも重要である。また，当事者だけでは葛藤の解決が難航する場合には，第三者の介入が有効な場合もある。

2. 職場集団とチームワーク

（1）職場集団の特性

　職場において，メンバーは共通の目標の達成をめざし，互いに影響を及ぼし合いながら，職場集団として活動する。ここでは，複数の人間が協働する集団に特有の心理的特徴をみていく。

【集団規範】　職場には，公式に明文化された就業規則とは別に，仕事の進め方，出退勤時刻，休暇の取得などに関する暗黙のルールがある。「どのような行動が望ましいか」に関して，職場のメンバーが共有している価値観や判断の枠組みが集団規範である。メンバーは規範に同調するよう圧力をかけあい，その結果，職場全体に秩序が生まれている。ただし，公式に定めた水準より低い生産性を維持する非公式な規範（生産制限規範）が形成されることもあるため，規範の影響には注意が必要である。

【集団凝集性】　集団凝集性は，集団としての「まとまりのよさ」や一体感を反映した特性であり，メンバーが集団に対して感じる魅力の強さを

表す。魅力の対象には，集団の目標，取り組む仕事の内容，他のメンバーが含まれる。凝集性の高い集団では，メンバーがその一員であることに誇りを持ち，活気に満ちた状態で一致団結して課題に取り組める。逆に，凝集性が低ければ，その集団でのメンバーの満足感は低く，活動は停滞しがちで，ささいなもめごとを契機に孤立したり，集団から離脱しようとするメンバーが現れることもある。

（2）協働作業の落とし穴

　集団で仕事をしても，かならずしも優れた成果を上げられるわけではない。協働作業の生産性は，メンバーの能力から本来期待される水準を下回りがちである。この現象をプロセス・ロスと呼ぶ（Steiner, 1972）。この原因は，①動機づけの低下と②相互協調の失敗である。動機づけの低下は，単独での作業よりも協働作業では責任が分散し，個々のメンバーの努力量が下がる社会的手抜きとして知られている（Latané et al., 1979）。

　相互協調の失敗とは，メンバー間で活動の調整がうまくいかず，個々の努力が集団全体の成果に反映されづらくなることを指す。活動の調整には，情報を伝達・共有し，互いの業務の予定や進捗状況を確認するなどの労力がかかる。結果として，仕事の効率が下がることがある。

　こうしたプロセス・ロスをできる限り小さくし，職場集団の優れた成果を達成するうえで重要となるのが，次に述べるチームワークである。

（3）職場のチームワーク

　集団で仕事をする際，メンバーはタスクワークとチームワークの2つの活動に取り組む必要がある（Morgan et al., 1993）。タスクワークとは，個々の担当業務に特有の課題・作業（事務，取引先訪問，機器操作

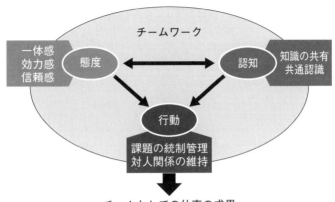

図7-2　チームワークの3つの要素

など）であり，各自が個別に完結させる活動である。一方，チームワークとは，個々の業務の成果を統合するために，メンバー間で行われる情報交換や援助，信頼関係づくりなど，協調を指向した対人的活動を指す。なお，チームワークは集団の心理的特性と密接に関連することから，「チーム全体の目標達成に必要な協働作業を支え，促進するためにメンバー間で交わされる対人的相互作用であり，その行動の基礎となる心理的変数を含む概念」（山口，2008）と定義されている。

　チーム全体の士気や意欲を左右する「態度」，知識・情報の共有に関連する「認知」，協調を指向した「行動」の3つの要素をバランスよく備えることが，チームワークの発揮には必要となる（図7-2）。
【行動的要素】　行動的要素は，チームで取り組む課題を円滑に遂行するための「課題の統制管理」とメンバーの円満な関係を構築する「対人関係の維持」に大別される（Rousseau et al., 2006）。前者には，目標の明確化や計画の策定，情報交換と連携，互いの進捗の評価・確認，援助

や改善のための助言などが含まれる。後者には，悩み相談や励ましなどの心理的サポート，意見の対立や不和に対処する葛藤解決が含まれる。

【態度的要素】　メンバーの一体感や目標達成への意欲に関連する心理的特性であり，集団の規範や凝集性が態度的要素にあたる。その他，メンバーがチームとして目標を達成することへの自信と意欲を反映したチーム効力感，全員がチームに貢献する役割と責任を果たすという相互信頼感も重要な特性である。さらに最近では，心理的安全性（psychological safety）（Edmondson, 2012）という特性が注目を集めている。これはメンバーが自分の考えや感情について気兼ねなく発言できる雰囲気のことであり，いわば職場の「風通しの良さ」を表す特性と言える。心理的安全性を備えたチームでは，活発な議論を通じて学習や革新が促される。また心理的安全性は，チーム内で発生した課題葛藤を業績の向上に結びつける効果もあることが示唆されている（Bradley et al., 2012）。

【認知的要素】　メンバー間での知識や情報の共有，共通認識の在り方は，協調を指向した行動をとるための基盤となる。主な例として，共有メンタルモデルとトランザクティブ・メモリー・システムが挙げられる。

　共有メンタルモデルとは，課題の目的や内容，手順，役割分担などについて，メンバーが共有する知識である。知識を共有しておくことで，メンバーは互いの行動を予測しながら，円滑に連携することができる。

　トランザクティブ・メモリー・システムは，メンバーがそれぞれの専門性や得意分野に応じて情報を分有し，相互に活用しあう集団としての記憶システムである。「誰がどんな情報を持っているか」に関する共通認識を持つことで，その情報を必要に応じて最適なメンバーから効率的に引き出して利用できる。また不得意なことや困難な問題に直面したとき，チーム全体で知を結集し，解決策を練るうえでも有効に働く。

（4）チームワークの発達

　近年の職場では，メンバーの多様性と流動性が高まり，課題もこれまで通りのことを継続するのではなく，未経験の新たなことへ着手することが重視されている。こうした変化から，職場のチームワークも，より質の高いものが期待されている。古川（2004）はチームワークの質の高さを3つのレベルでとらえている（図7-3）。レベル1は，メンバーが適切に情報を共有し，連携・協力の体制を整え，円満な関係を構築した基礎的状態である。レベル2は，メンバーがチーム全体のことを考慮し，自分の役割を超えて新たな挑戦や，外部の変化への柔軟な対応ができる優れた状態である。さらに高度なレベル3では，メンバーが知的に刺激しあい，創造的な発想が触発され，独創的な製品やサービスを生み出す。エドモンドソン（2012）は，「メンバーが互いに新しいアイディアを生み出したり，互いに答えを見つけたり，互いに問題を解決したりするための活動」をチーミング（teaming）と呼び，学習を指向したチームづくりの必要性を指摘している。チーミングは，メンバーの話し合

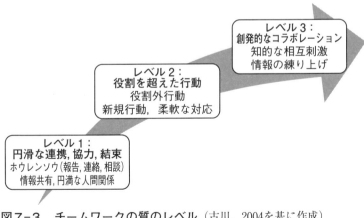

図7-3　チームワークの質のレベル（古川，2004を基に作成）

い，決定，行動，省察のサイクルを繰り返し，協働への積極的な姿勢の
醸成と，知識の確実な共有・統合を図る，レベル3のチームワークをめ
ざしたチームの育成アプローチと言える。

3. 組織文化

（1）組織文化の内容

　組織には，それぞれ独特の社風や雰囲気がある。この組織の個性を反
映した特性が組織文化である。シャイン（Schein, 2010）は，組織文化
を「組織が外部への適応と内部の統合化の問題を解決する過程で学習
し，共有された基本的な前提の認識パターン」と定義している。組織文
化は，組織が成長や躍進を遂げるうえで有効であった目標や方法につい
て，メンバーが共通の成功経験を通じて理解し，行動や考え方に関する
価値観を共有することで構築されている。2節で論じた集団規範は，組
織文化を構成する要素であるが，その影響の範囲が異なっている。組織
文化は組織全体に及ぶマクロな特性であり，職場のメンバーの振る舞い
や判断のルールを超えて，組織そのものの構造や制度にも及ぶ広範な意
味を持つ。シャイン（2010）は，組織文化を3つの階層でとらえるモデ
ルを提案している（図7-4）。

　表層のレベル1は，組織の中で容易に観察可能な人工物（artifact）で
ある。物理的環境やオフィスレイアウト，仕事の慣習，服装や挨拶，儀
式（入社式，表彰式，社員旅行），シンボルマークなどが含まれる。

　中間層のレベル2は，組織内で信奉されている価値（espoused val-
ues）である。経営理念やビジョンなどの重視されている価値観，また
は明文化されずに暗黙に共有されている価値観も含まれる。組織内で語
り継がれる成功者の逸話や武勇伝には，この価値が反映されており，望

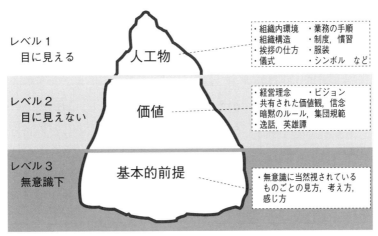

図7-4　組織文化の3つのレベル（Schein, 2010を基に作成）

ましい行動の指針となっていることがある。

　深層のレベル3は，組織に潜在する基本的前提（basic underlying assumptions）である。組織内で重視された価値観に基づく実践が成功を重ねると，それは定着し，疑問をはさむ余地がないほどに当然視されるようになる。基本的前提は，普段は意識する必要がないほど組織内に浸透したものごとの見方，考え方，感じ方であり，価値観や行動の源泉となる。シャイン（2010）は，この可視化の難しいレベル3が組織文化の本質であり，意図的に管理・変革することの難しさを論じている。

（2）組織文化の機能

　組織文化は，前述の定義に記されているように，組織が生き残るために重要な外部への適応と内部の統合化を促す機能を持つ。外部への適応とは，組織が重視する理念や価値を共有することで，それを製品・サービスの提供を通じて外部へ明確に発信でき，社会や市場での企業価値と

競争優位の向上につながるということである。内部の統合化とは，組織のメンバーに一体感をもたせ，価値観を共有することにより，コミュニケーションの円滑化と意思決定の迅速化が可能になることを意味する。

　一方で，組織文化は逆機能，つまり組織の存続を危うくする方向でも作用する。1つはメンバーの思考様式の均質化である。組織内での価値観や信念の共有があまりに強くなると，メンバーのものごとの見方・考え方が画一化し，同じような発想しか生まれなくなる。もう1つは成功経験への固執である。組織が長く存続するほど，成功経験が蓄積されていくが，メンバーは次第にそれにしがみつき，新しい価値観や異質な考え方を受け入れず，慣れ親しんだ行動の仕方を正当化するようになる。

　こうした組織文化の逆機能が働いた状態は，**硬直化現象**と呼ばれる（古川，1990）。硬直化した組織は，外部の環境変化へ柔軟に対応することが難しく，やがて衰退してしまう。硬直化現象の兆候が表れたなら，その組織は変革が求められる時期を迎えているということである。

引用文献

Bradley, B.H., Postlethwaite, B.E., Klotz, A.C., Hamdani, M.R., & Brown, K.G. (2012). Reaping the benefits of task conflict in teams : The critical role of team psychological safety climate. *Journal of Applied Psychology, 97*, 151–158.

De Dreu, C.K., & Van Vianen, A.E. (2001). Managing relationship conflict and the effectiveness of organizational teams. *Journal of Organizational Behavior, 22*, 309–328.

Edmondson, A.C. (2012). *Teaming : How organizations learn, innovate, and compete in the knowledge economy.* San Francisco, CA : Jossey-Bass. (エドモンドソン, A. C.　野津智子（訳）(2014).　チームが機能するとはどういうことか―「学習力」

と「実行力」を高める実践アプローチ―　英治出版)

古川久敬（2004）．チームマネジメント　日本経済新聞社

Jehn, K.A.（1995）. A multimethod examination of the benefits and detriments of intragroup conflict. *Administrative Science Quarterly, 40,* 256-282.

Latané, B., Williams, K., & Harkins, S.（1979）. Many hands make light the work : The cause and consequences of social loafing. *Journal of Personality and Social Psychology, 37,* 822-832.

大渕憲一（2015）．紛争と葛藤の心理学―人はなぜ争い，どう和解するのか―　サイエンス社

Rousseau, V., Aube, C., & Savoie, A.（2006）. Teamwork behaviors : A review and an integration of frameworks. *Small Group Research, 37*(5), 540-570.

Schein, E.H.（2010）. *Organizational Culture and Leadership, 4th ed.* San Francisco : Jossey-Bass.（シャイン，E.H.　梅津祐良・横山哲夫（訳）（2012）．組織文化とリーダーシップ　白桃書房）

Simons, T.L., & Peterson, R.S.（2000）. Task conflict and relationship conflict in top management teams : The pivotal role of intragroup conflict. *Journal of Applied Psychology, 85,* 102-111.

Steiner, I.D.（1972）. *Group process and productivity.* New York, NY : Academic Press.

Thomas, K.（1976）. Conflict and conflict management. In M.D. Dunnette（Ed.）, *Handbook of Industrial and Organizational Psychology.* Chicago, IL : Rand McNally. pp. 889-935.

山口裕幸（2008）．チームワークの心理学―よりよい集団づくりをめざして―　サイエンス社

参考文献

青島未佳・山口裕幸・縄田健悟（2016）．高業績チームはここが違う―成果を上げるために必要な三つの要素と五つの仕掛け―　労務行政（効果的なチームマネジメントの在り方について，研究の成果と実務的な知見を織り交ぜて，分かりやすく解説されている。）

シャイン，E.H.　尾川丈一（監訳）（2016）．企業文化［改訂版］―ダイバーシティと文化の仕組み―　白桃書房（実務者向けに事例を交え，グローバル化の進展する環境を視野に入れつつ，組織文化の特質と変容のダイナミクスを解説している。）

日本能率協会マネジメントセンター（編）　異質な力を引き出す対立のススメ―身近な事例で学ぶコンフリクト・マネジメント入門―　日本能率協会マネジメントセンター（職場や家庭など身近な場面の事例を用い，葛藤の性質とその対処について平易に解説している。）

学習課題

1．現在の職場（または過去に所属した職場）のようすを思い起こし，対人関係やチームワークにどのような特徴がみられるか，本章の内容をもとに考察しなさい。

2．最近，他者との間で経験したもめごと（葛藤）について，その内容と自分が用いた解決方略を考察しなさい。

8 | 組織の情報処理とコミュニケーション

山口裕幸

《**目標＆ポイント**》 本章では，組織のメンバー間や，部・課等の部署間でとられるコミュニケーションの特徴について心理学的な視点から解説する。また，組織における的確で効果的な情報の共有と活用の在り方を巡って，発生する問題事象とその背景で働いている心理学的なメカニズムについて論じていく。クラウド・コンピューティングや人口知能（AI：Artificial Intelligence）に代表されるように，情報技術と情報機器は急速にかつ大きく進歩を続けており，組織における仕事の進め方や意思決定の手順にも多様な変化をもたらしている。また，組織における対人的なコミュニケーションの在り方にも変化が生まれてきている。そうした現実の変化に対応しつつ，的確な情報共有とコミュニケーションを実現するために必要となる視点を身につけることをめざす。

《**キーワード**》 コミュニケーションのプロセス・モデル，対人的コミュニケーション，意味解読コード，高文脈コミュニケーション，葛藤調整，会議，情報共有，集団意思決定，集団創造性，ナレッジマネジメント，インターネット

----

1. コミュニケーション成立のメカニズム

（1）コミュニケーションの成立とは

「ホウレンソウを大切に！」という言葉は，職場で繰り返し相互確認される言葉のひとつである。「ホウ」は報告，「レン」は連絡，「ソウ」は相談を意味する。組織の現場では，異なる性格や能力を持つ人々が，

共通の目標達成のために協同していく。そのためには，一人ひとりが何を考え，何を意図して行動しているのかを互いに理解し合うために，的確なコミュニケーションを行うことは，最も根本的な課題である。

　忙しく仕事をしていると陥りがちなのが，「そのことは確かに伝えました」という感覚である。しかし，伝えたとしても相手が理解していなかったり，誤解していたりしたら，そのコミュニケーションは成立していることにはならない。コミュニケーションは，伝える責任を果たした時点で終わりではなく，自分の伝えようとしたことが相手に的確に理解されることで成立したといえる。自分が聞き手の場合にも，相手が伝えようとしていることを正しく理解して，初めてコミュニケーションがとれたといえる。

（2）コミュニケーションのプロセス・モデル

　対人的なコミュニケーションがどのようにして成立しているのかについては，図8-1に示すようなプロセス・モデルで理解することができる。自分が伝える側である場合，自分の頭の中にある伝えたい事柄は，イメージや言葉，音や色などさまざまな形で存在するもので，総称して表象（representation）と呼ばれる。それを，相手にも理解できるような記号（サイン：sign）に変換してメッセージにする。記号には，言語をはじめとしてその抑揚や調子，表情やしぐさ，態度等がある。できあがったメッセージは，直接対面して相手に伝えるときもあれば，電話や手紙，メール等，さまざまな手段で伝達される。相手は，伝える側との間で共有する意味解読コードに基づいて，届いたメッセージを解釈し，理解する。

　このプロセス・モデルに基づいて考えると，コミュニケーションが適切に成立するためには，伝える側と受ける側が意味解読コードを共有し

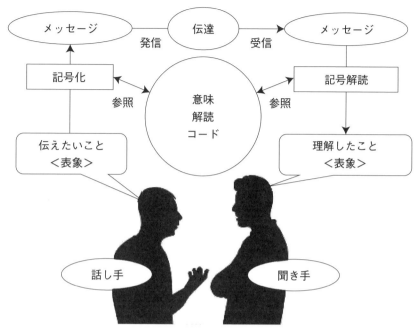

図8-1　コミュニケーション成立のプロセス・モデル

ていることが非常に重要であることが分かる。対人的コミュニケーションの場面では，言語や表情，しぐさ等，さまざまな情報が記号となって相手に伝達されるが，それぞれの記号がいかなる意味を持つのかは，意味解読コードを参照しながら理解されていく。

　また，同じ情報であっても，伝達方法によって，受け取られる意味に違いが出てくることがある。例えば，謝罪の言葉を伝えるのに，相手と会って対面して伝えるのと，メールで伝えるのでは，申し訳ないという気持ちの伝わり方に違いが生まれることがある。

（3）意味解読コードの共有プロセス

　適切な組織コミュニケーションを行っていくには，他者との間で意味解読コードの共有を促進することが大事になってくる。そのためには，コミュニケーションの機会を数多く持つことが基本的かつ最も有効な方法である。ただし，人間の認知プロセスには，無自覚のうちに認知や判断を歪ませる多様なバイアスが働くことが明らかになっていて，的確なコミュニケーションの成立を阻害することが分かっている。また，意味解読コードの共有が進むことによって，会議や話し合いの際に，一面的なものの見方しかできなくなり，極端に偏った集団レベルの判断や意思決定に陥る現象が発生することも知られている。

　組織活動のプロセスにおいては，個人の認知バイアスや集団の意思決定の偏りを誘発する要素が多様に存在する。説明してきたコミュニケーションの成立プロセス・モデルに基づきながら，組織コミュニケーションに特徴的な問題について解説していこう。

2. 組織で行われるコミュニケーションの特徴

（1）水平（ヨコ）方向の分業と組織コミュニケーションの特性

① 　高文脈コミュニケーションの成立

　例えば，パンの製造販売を行う組織では，原料の仕入れ，パンの製造，できあがったパンの販売店への搬送，販売，会計等々，多種多様な仕事が必要になる。一人のメンバーがすべてを担うのは無理なので，複数のメンバーで役割を分担することになる。こうした役割分担は，水平方向の分業と呼ばれる。

　組織では，水平方向の分業が必ずといってよいほど取り入れられている。そして，役割ごとに集団を作り，部署として機能するようにしてい

る。各部署の内部では，その役割をしっかりと果たすために，日常的にメンバーどうしでコミュニケーションをとる機会が多い。頻繁で密接なコミュニケーションによって，メンバー間の意味解読コードの共有は促進される。その結果，メンバー間のみに共有される特有の記号（言語やしぐさ）が生まれ，「例の件」というだけで意味が通じたり，専門用語の省略形を使った会話が行われたりする。

　これらは高文脈コミュニケーションと呼ばれる。お互いに相手の考えていることを一定程度容易に推察できるようになるため，職務遂行を円滑に行うのに役立つ利点がある。さらに進むと，いわゆる「あうんの呼吸」と言われるような，互いに相手の考えや思いを正確に，しかも暗黙のうちに推察しあえる水準までコミュニケーションは成熟していくことがある。

② 　組織における高文脈コミュニケーションの功罪

　コミュニケーションをとるのは，それなりに労力と時間を要するものである。職務遂行に追われる忙しい時には，面倒に感じることさえある。したがって，高文脈コミュニケーションが成立していることは，労力を節約しつつ，正確なコミュニケーションを実現する利点を持っている。

　しかしながら，利点だけではなく，注意しておくべき問題も派生することがある。意味解読コードの共有は，部署の前例や慣例，常識と呼ばれる考え方を共有することも意味する。そのため，メンバーの誰もが類似した考え方や画一的なものの見方をするようになり，斬新な考え方や創造的なものの見方が衰退し，集団は硬直化した思考パターンに陥り，適切な行動や判断ができなくなってしまうことがある。

　それに加えて，部署間のコミュニケーションの衰退を招くこともある。役割ごとに部署が形成されると，部署内でのコミュニケーションは

活発に行われる反面，他の部署とのコミュニケーションは必要最低限しか行わなくなりがちである。その結果，コミュニケーションが部署ごとに閉鎖的に確立されて，他部署との連携や意思疎通が不全になる。

　こうした現象は「サイロ化」現象と呼ばれる。サイロとは，農産物や家畜の飼料を蔵置・収蔵する塔のような形状の倉庫のことで，複数の部署が，互いに孤立して林立しているようすがよく似ていることから，こうした表現が使われるようになった。日本では昔から，縦割り組織，タコツボ型組織という表現が使われてきたが，国や文化によらず起こりがちな組織現象のひとつである。

　組織全体で見ると，部署どうしが連携するためのコミュニケーションは組織目標の達成のために不可欠である。サイロ化現象は組織のコミュニケーションの在り方を考えるときに解決すべき重要な課題といえる。

（2）垂直（タテ）方向の分業と組織コミュニケーションの功罪

①　垂直方向の分業と組織の情報伝達

　組織には水平方向だけでなく，垂直方向の分業も取り入れられている。具体的には，管理職と一般従業員，上司と部下のような上下の地位関係を定める職階の導入である。垂直方向の分業を取り入れる最大の理由は，組織全体の情報の伝達と収集を円滑に行うことにある。組織では，経営トップの目標の設定や経営方針を各従業員に伝達して，理解を得る必要がある。また，従業員からの意見や情報を広く収集して，より適切な決定に生かす必要もある。

　組織の中で情報の流れを健全に円滑に実現するために，職階を設けて，上位者から下位者に経営トップからの情報を次々に伝達し，下位者からの情報を上位者に次々に伝達していくことで，より詳細でリアリティの高い情報を経営トップが把握し，経営判断に生かすシステムを作り

上げる工夫をしているのである。

② 組織における葛藤調整と垂直方向の分業

　メンバーどうしはその役割の違いのために，意見や利害が対立してしまうことが避けられない場合も多い。例えば，販売促進のために多くの予算を投入したい販売担当者と，組織の健全な財務体制を確保するために予算を節約したい経理担当者との間では，いずれも組織を繁栄させたい気持ちは同じでも，役割の違いゆえに意見が異なったり，利害が対立してしまったりする。本来は組織目標の達成のために協同する関係にある者どうしが，意見や利害の対立する関係に陥ることを葛藤（コンフリクト）と呼ぶ。

　メンバー間に葛藤が生じた場合に，組織としては，全体の統合性を壊すことなく，目標達成をめざして，この葛藤を適切に調整していく必要がある。垂直の分業を取り入れることによって，部下に対して指示・命令を下す権限を管理者（職位の上位者）に与えることは，葛藤調整を円滑に行う体制を整える意味合いも大きい。的確な組織運営を行う必要性，効率性ゆえに取り入れられている垂直方向の分業ではあるが，職務遂行上の権限の有無はメンバー間の対人関係に大きな影響をもたらし，上司─部下間のコミュニケーションはデリケートなものとなることが多い。

③ 上司から部下に対するコミュニケーションの特徴

　組織から権限を付与されることは，上司が部下に対して権力（勢力：power）を保持することを意味する。その結果，上司は，部下を自分の意図したように動かすために，強制的な指示・命令を行ったり，逆に報酬を提示する働きかけをしたり，職制に伴う正当性を強調するコミュニケーションをとったりすることが可能になる。ただし，このとき，部下の意見を聞くことなく，一方的に自分の見解を押しつける形になりがち

であることに注意が必要である。また，部下の失敗や目標の未達成の原因を，本人の努力や能力の不足に帰属（理由づけ）して，責めたり，低い評価を与えてしまったりする心理的バイアスも働きやすいことにも注意が必要である。

　なぜなら，一方的でネガティブなコミュニケーションは，部下のモチベーションを低下させるとともに，自分で判断して行動をとる自律性や自主性を損なう危険性があるからである。日本の組織では，1980年代以前から今日に至るまで，「指示待ち傾向」の強いメンバーが多い状態が指摘され続けてきており，創造性やイノベーションへの活力を抑制する一因となっているという見方もある（山口，2018）。

　職階の上位者は，担当部署を調和的に統合し，その目標を達成できるように，部下のモチベーションを高めたり，自律性・自主性を促進するように働きかけ，職務遂行能力を育成したりする責任も担っている。職責を果たすためには，ときに部下に対して厳しく注意をすることが必要な場合もあるが，あくまでも部下の成長を思いやる態度でコミュニケーションをとることが肝要である（繁桝，2010）。

　権限の格差を背景に，上位者が部下に対して，一方的で強制的なネガティブなコミュニケーションをとる行為は，パワーハラスメントにつながることもある。職階の上下の格差は，あくまでも役割の違いであり，組織全体の目標達成を効果的に推進するために取り入れられているシステムであって，上司—部下関係とはいっても，人と人との関係は対等なものであることを認識し，敬意を持って相手と接する態度でコミュニケーションをとることが大事になってくる。それは，組織における上位者のノブリス・オブリュージュ（社会的に高い地位にある者は模範的にふるまう義務があるという考え方）を示す態度の一側面でもある。

④　部下から上司へのコミュニケーションの特徴

　部下が上司に対して情報を伝えるとき，上司の気分を害しそうな情報や自分の評価を下げることになりそうな情報は隠したり，歪めたりしてしまうことがある。上司の思いを過度に忖度することも，自己の不利益を避けようとすることも，根本的には保身のための自己利益を追求する行為に他ならず，組織や部署全体の目標達成には不利益をもたらすことが多い。確かに上司が不機嫌になったり，自分が叱責されたりするのはなるべく避けたい感情は理解できるが，組織の一員として職務に臨む場合，自分の役割を果たすことを判断や行動の基軸にして考えることが重要である。

　そして，伝えるべきことは，隠さず，歪めず，率直に，しかし相手をネガティブな感情に陥らせることがないように配慮したコミュニケーションの取り方を工夫することが大事になる。そうした率直なコミュニケーションの取り方は，アサーティブ・コミュニケーションと呼ばれる（平木，2009）。アサーティブ・コミュニケーションの技法を身につけるための方法は多様に存在しているが，互いに人格を持つ存在として対等であることを認識し，組織目標の達成のために役割を担っていることに敬意を持つことが，感情的にならずに冷静に率直に伝えるべきことを伝える態度の育成につながることを認識することが重要である。

3.　会議，話し合いにみられるコミュニケーションの 特徴

（1）情報共有のための会議や話し合い

①　情報共有を阻害するヒューリスティック（直観的な判断）

　組織では会議や話し合いが行われることは日常茶飯事である。その主

たる目的のひとつは，メンバーどうしの情報共有である。一般に，会議や話し合いの場で交換された情報は，参加者の記憶にとどまり，情報は共有されると考えられる。しかしながら，かならずしも常に適切に情報共有されるときばかりではない。

　ステイサー，G.とタイタス，W.（Stasser and Titus, 1985）は，次のような実験を行って，集団における情報共有の難しさを実証している。彼らは，自分たちの集団のリーダーを複数の候補者の中から選挙で選出するために，4人で話し合いを行う場面を設定した。そして8つの長所を持つ優秀な候補者Aの情報は2つずつ4人に分散して提示されたのに対して，4つしか長所のない候補者Bの情報は最初から4つ全部を全員に提示した。話し合いの前の段階で知っている長所の数は，優秀な候補者Aの方が少ない状況を作り出したのである。そのうえで，話し合いをして適切に情報が共有されれば，結果的に全体としては候補者Aの長所の方が多いことは全員に認識されるはずなので，論理的に考えれば，話し合いを行った後に行われる投票では，Aの得票率が高くなることが予想された。

　実験の結果は図8-2に示すようなものだった。話し合いを行う前の段階では，優秀な候補者Aよりも劣る候補者Bを選択する者の比率が多かった。最初に知らされた長所の数は，優秀な候補者Aについては2個，能力の劣る候補者Bについては4個あったため，話し合いを行う前に判断すれば，この結果になることは当然に予想された。ところが，話し合いを行った後にも，能力の劣る候補者Bを75％の者が選択したという結果が出た。話し合って情報を交換したにもかかわらず，優秀な候補者Aの方が多くの長所を持っていることは見逃され，最初に与えられた情報に基づいた選択をする者が多かったのである。優秀な候補者Aの長所は隠されてしまったのも同然であり，こうした現象を，ステイサーら

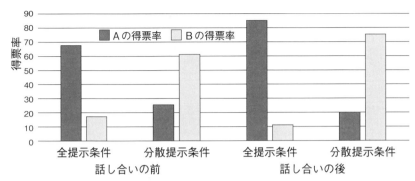

図8-2　「隠されたプロフィール」現象の実験結果

Stasser & Titus（1985）に基づいて筆者が抜粋して作成。候補者Aは，候補者Bの2倍にあたる8個の長所を持っていた。4人が話し合いをしてリーダーを投票で選ぶ状況を設定し，実験の操作として，8個全部の長所を提示された全提示条件に対して，分散提示条件では長所の情報が2個ずつバラバラに伝えられた。つまり，話し合い「前」の段階（グラフの左半分）の分散提示条件においては，個人レベルでは，候補者Aの長所は2個，候補者Bの長所は4個だと認知されるため，候補者Bの得票率が高くなってしまう。ただし，話し合い「後」の段階（グラフの右半分）では，情報交換によって長所情報の共有がなされるはずであり，分散条件であっても候補者Aの得票率の方が高くなると予想された。しかし，話し合いの後も，予想に反して候補者Bの得票率の方が高かった。他者からの情報よりも元々自分が持っていた情報の方が，判断をする時には利用されやすい「係留と調整のヒューリスティック」が働き，分散していると情報共有することは簡単ではないことが分かる。

は，「隠されたプロフィール」現象と呼んでいる。

　この実験結果は，人間が判断をする際には，新たに獲得した情報よりも，元々持っていた知識や信じてきたことを過度に優先的に参照する傾向を持っていることを意味している。こうした情報の参照は無自覚に直感的に行われており，「係留と調整のヒューリスティック」（anchoring and adjustment）と呼ばれている。

②　対人的交流記憶システムと組織内イントラネットワーク

　コミュニケーションの成立プロセスのところでも言及したように，伝

えたから相手は分かっているはずと思うのは早計であり，情報の共有は容易ではない。こうした組織における情報共有をめぐる問題を克服するべく，めざましい進歩を続ける情報技術とそのネットワーク技術が活用されている。

組織全体では，日々，膨大な量の情報が入ってくる。メンバー全員がそのすべてを個人で記憶し，保持することは不可能である。こうした状況でも組織全体で情報を正確に保持し，活用するために，作り上げられているのが交流型記憶（transactive memory）システムである（Wegner, 1987）。これは，情報の種類やカテゴリー毎に，情報の記憶と保持の分担者を決めて，「このような案件に関する情報は，この組織では誰が詳しいのか」に関するメタ知識を共有するシステムである。

進歩する情報ネットワーク技術を活用して，クラウド・コンピューティングによってメタ知識を共有することも実現しつつある。メンバーは詳細で多様な情報をいちいち記憶するのではなく，必要な情報をキーワードで検索して入手することが可能であり，組織における集合的知性の機能を果たすようになっている。コミュニケーションを効率化するシステムの構築は，組織のナレッジマネジメントの取り組みとして重要性が高まっている。その取り組みに際しては，「隠されたプロフィール」現象のようなヒューリスティックに象徴されるように，個人の情報処理プロセスは，意思決定や判断に際して，無自覚のうちにゆがんでしまうさまざまなバイアスにさらされていることに留意しつつ，メンバー間の情報共有を適切に実現するための工夫がさらに必要だと言えるだろう。

（2）意思決定のための会議や話し合い

組織で会議や話し合いを頻繁に行う大きな理由のもう一つは，組織や部署として的確な判断や意思決定を行うためである。メンバーから多様

な意見が出されて，それらを練り上げていくことによって，より的確な
判断にいきつけることが期待されている。多くの場合，この期待にかな
う結果を得ることは多いが，かならずしも常に期待された通りに行くと
は限らない。むしろ，組織コミュニケーションに特有の性質のために，
思いもかけないほどに不適切で愚かしい決定に行き着くことさえある。

　水平方向の分業とコミュニケーションのところで言及したように，所
属する部署内，組織内では，密接なコミュニケーションが行われる結
果，一定の考え方や価値観が共有され，同じ思考パターンをとるように
なっていく。この共有された思考や行動の様式，価値観は，組織規範と
呼ばれ，メンバーの判断に大きく影響を及ぼすものとなる。すなわち，
部署内の話し合いで交わされるコミュニケーションは，類似した考え方
の者ばかりで行うものになりがちである。そうした状況では，次のよう
な現象が起こることがある。すなわち，他のメンバーが，自分の意見と
同じ意見を述べれば，それに賛同する。賛同されたメンバーは自信を持
ち，より雄弁に持論を主張する。他のメンバーも，負けまいとして同じ
方向の意見をより強く主張し始める，というわけである。

　ひとつの方向に向かって全員が賛同意見を主張することで，集団とし
ての意見・態度は，メンバーの元々の意見・態度の平均よりも，よりエ
スカレートしたものになりやすい。この現象は，集団決定は挑戦的で過
激なものになりやすいという「リスキー・シフト」現象の研究（Stoner,
1968；Wallach, Kogan and Bem, 1964）として始まり，逆に慎重な方
向へのシフトも生じることがあることを指摘した「集団極性化」現象の
研究（Moscovici and Zavalloni, 1969），そして米国政府の深刻な政策
決定の間違いの原因を探究する過程で見出された「集団浅慮」
（groupthink：Janis, 1972）の研究を通して，類似した意見や態度のメ
ンバーが集まって話し合いを行うときに起こりやすいことが指摘されて

いる。

　メンバーの考え方や価値観を同じものにしていこうとする影響力のダイナミクスが働く組織，部署の意思決定は，潜在的に極端なものになりやすいことを認識し，話し合いの場では，できるだけ異なる意見や視点を歓迎することが，集団極性化や集団浅慮の心理的罠を免れるために必要となってくる。

（3）創造性やイノベーションを生み出すための話し合い

　急速に変化し，将来を見通すことが難しい社会状況にあって，組織は従来の職務遂行や意思決定のパターンを繰り返していては，存続することさえ危うくなってきている。これまでにない創造的でイノベーティブな製品，商品の開発とともに，仕事の仕方も変革していく必要がある。旧態依然としたままで世界の進歩に取り残されているとしてガラパゴス化を指摘されることのある日本の組織にとっては，創造的なアイディアやイノベーションの創発を刺激する組織コミュニケーションの在り方を工夫することは重要な課題となっている。

　創造性やイノベーション創発の源泉は，自分では思いつかなかったことに気づかせてくれて，ひらめきをもたらす，異質で斬新な意見やアイディアに触れる機会を持つことである。そうした機会は，本を読んだり，沈思黙考したりする個人的な活動よりも，他者と意見交換する会議や話し合いの場の方が，圧倒的に得やすいと考えられる。しかしながら，現実には，上述したように，組織の場では，類似した考え方をするようになるダイナミクスが強く働き，むしろ異質な意見やホンネともいえるような率直な意見は言い出せない場合の方が多い。

　この問題と関連して，近年，注目されているのは，対人関係や自分の評判・評価へのネガティブな影響を心配することなく，気兼ねなく自

分の思ったことを率直に発言できる「心理的安全性（psychological safety)」を組織に構築する重要性である。エドモンドソン，A.C.（Edmondson，2012）は，職場を「仕事を片付ける・こなす場」として見るのではなく，「経験を積んで学習する場」としてとらえるように認知の枠組みをシフトさせて，失敗してもそこから学ぶことができることの価値に注目する取り組みによって心理的安全性の構築が促進されることを指摘している。この考え方は，「学習する組織論」（Senge，1990）に基づくものであり，組織の創造性やイノベーションを生み出す源泉として，経営トップの個人的な卓越した発想力だけでなく，組織コミュニケーションの在り方にこそ注目すべきであることを指摘するものである。

　情報技術のさらなる進歩，人工知能の発達と活用の広がりと浸透によって，組織コミュニケーションの在り方は，今後，大きく変化することが予想される。人と人の間だけでなく，人とコンピュータ，人と人工知能とのコミュニケーションも視野に入れていくことも大事になるだろう。とはいえ，組織は人が集まって共通の目標達成のために協同して活動していく存在であるという本質は変わらない。活動する組織を生命体としてとらえるとき，コミュニケーションが血流の役割を担い，組織の存続を支えるものであることを理解しておきたい。

引用文献

Edmondson, A.C.（2012）. *Teaming : How organizations learn, innovate, and compete in the knowledge economy.* John Wiley & Sons.（A.C.エドモンドソン　野津智子（訳）（2014）. チームが機能するとはどういうことか―「学習力」と「実行力」を高める実践アプローチ　英知出版）

平木典子（2009）. 改訂版アサーション・トレーニング―さわやかな〈自己表現〉のために―　日本・精神技術研究所

Janis, I.L.（1972）. Victims of groupthink : A psychological study of foreign-policy decisions and fiascoes. Oxford, England : Houghton Mifflin.

Moscovici, S., & Zavalloni, M.（1969）. The group as a polarizer of attitudes. *Journal of Personality and Social Psychology, 12*, 125-135.

Senge, P.（1990）. The fifth discipline : The art and science of the learning organization. *New York : Currency Doubleday.*（P.M.センゲ　枝廣淳子・小田理一郎・中小路佳代子（訳）（2011）. 学習する組織―システム思考で未来を創造する　英知出版）

繁桝江里（2010）. ダメ出しコミュニケーションの社会心理：対人関係におけるネガティブ・フィードバックの効果　誠信書房

Stasser, G., & Titus, W.（1985）. Pooling of unshared information in group decision making : Biased information sampling during discussion. *Journal of Personality and Social Psychology, 48*, 1467-1478.

Stoner, J.A.（1968）. Risky and cautious shifts in group decisions : The influence of widely held values. *Journal of Experimental Social Psychology, 4*, 442-459.

Wallach, M.A., Kogan, N., & Bem, D.J.（1964）. Diffusion of responsibility and level of risk taking in groups. *The Journal of Abnormal and Social Psychology, 68*, 263-274.

Wegner, D.M.（1987）. Transactive memory : A contemporary analysis of the group mind. In *Theories of group behavior*（pp. 185-208）. Springer, New York, NY.

山口裕幸（2018）. メンバーのワーク・エンゲージメントと組織のチームワーク　産政研フォーラム，No.120, 10-16.

参考文献

原岡一馬・若林満（1993）．組織コミュニケーション―個と組織との対話　福村出版（組織コミュニケーションの基本を，個人の認知と組織全体の活動との相互作用と関連づけて解説している。古典的であるが，基本を学ぶのに適している。）

青島美佳・山口裕幸・縄田健吾（2016）．高業績チームはここが違う―成果を上げるために必要な三つの要素と五つの仕掛け　労務行政（組織の中の部署単位で行われるチーム・コミュニケーションの特性について，実際の企業組織で得られた科学的な調査データに基づいて解説してあり，実践的な学びに役立つ。）

S.P.ロビンス（2009）．新版・組織行動のマネジメント―入門から実践へ（高木晴夫・訳）　ダイヤモンド社（心理学だけでなく社会学や人類学等，行動科学を総合する形で人間の組織行動の特性を体系的に解説している。組織コミュニケーションについて広い視野から学ぶのに適している。）

学習課題

1．対人的なコミュニケーションが成立するプロセスについて理論的に説明しなさい。

2．上司と部下の間のコミュニケーションの特性について，上司から部下に対するものと，部下から上司に対するものとに分けて，説明しなさい。

3．会議や話し合いの場面で発生しがちな問題事象を複数取り上げて，それぞれの発生プロセスについて説明しなさい。

9 | 仕事の能率と安全

三沢　良

《**目標＆ポイント**》　本章では仕事の能率と生産性を高めるための方策，および労働災害や産業事故に関わる人間の特性とその防止に向けた方策について学習する。両立の難しい仕事の能率と安全を理解するための視点を身につけることを目標とする。

《**キーワード**》　作業研究，ヒューマンエラー，不安全行動，安全管理，安全文化

----

1. 仕事の能率

（1）仕事の改善と標準化の視点

　組織が高い生産性を維持するには，そこで働く人々の仕事の能率を高める必要がある。能率の向上には，仕事の中にあるムリ・ムダ・ムラ（3ム）を排除し，標準化することが有効である。作業の方法や手順，量や時間，道具や設備などを適切に整え，負担を軽減することが生産性向上につながる。こうした目的のために，作業の動作や時間の実態を把握し，体系的な分析を行う作業研究の技法が，さまざまな研究と実践に活用されてきた。その基礎となるのが時間研究と動作研究である。

（2）時間研究

　科学的管理法で著名なテイラー（Taylor, 1911）は，作業を合理的に標準化する手法として時間研究を考案した。20世紀のはじめ，米国の製

造業は大量生産の時代を迎え，労使の対立が深刻化し，工場の生産性が伸び悩んでいた。機械技師であったテイラーは，それまで経験頼みで設定されていた「1日あたりの公正な作業量」を時間研究によって解明した。

　時間研究では，作業を細かい要素に分解したうえで，個々の要素の遂行にかかる時間を計測する。この作業時間を分析し，無駄な部分を抽出・排除することで，作業の標準化を図る。例えば，熟練者の作業時間を基に，最も能率の高い作業方法を明らかにし，それを基準に他の作業者に課す公正な標準作業量（課業）を設定した。また，最も時間のかかる部分や，その個人差が大きな部分を把握することで，作業条件の改善や重点的な訓練の実施も可能となった。

（3）動作研究

　動作研究は，ギルブレス夫妻（Gilbreth & Gilbreth, 1918）によって考案された作業中の動作を分析する手法である。動作研究では，作業中の動作を写真に連続撮影し，その一連の流れや所要時間を把握する。また，作業中の基本（要素）動作を表9-1のサーブリッグ（Therblig：Gilbreth の逆綴り）を用いて記録・分析する。その結果に基づき，不要な動作を特定・排除することで作業方法を改善する。ギルブレス夫妻の研究では，熟練作業者の作業は，比較的少ない要素動作で構成されることが明らかになっている。

（4）動作経済の原則

　バーンズ（Barnes, 1980）は，時間研究と動作研究の知見をまとめ，作業の能率向上や疲労軽減を図るための動作経済の原則を提案した。この原則では①身体の使用（例：手作業をする際に両手を同時かつ対称的

表9-1　サーブリッグ記号（通商産業省，1962を一部改変）

番号	名称	サーブリッグ記号		説明	具体例 "机上の鉛筆を手に取り字を書く"
1	探す	Sh		物を探している眼	鉛筆がどこにあるか探す
2	見出す	F		物を探しあてた眼	鉛筆を見つける
3	選ぶ	St		対象に向かう	数本の中から使う鉛筆を選ぶ
4	空手	TE		空の皿	鉛筆の置かれた所へ手を出す
5	つかむ	G		物をつかむ手	鉛筆をつかむ
6	運ぶ	TL		物をのせた皿	鉛筆を持ってくる
7	位置決め	P		物を置いた指	鉛筆の先を書く位置につける
8	組み合わせ	A		組み合わせた形	鉛筆にキャップをかぶせる
9	使用	U		上向きのコップ（Useの頭文字）	字を書く（鉛筆を使う）
10	分解	DA		組み合わせから1本抜いた形	鉛筆のキャップをはずす
11	はなす	RL		逆さにした皿	鉛筆をはなす
12	調べる	I		レンズの形	字の出来映えを調べる
13	前置き	PP		ボーリングの棒を立てた形	鉛筆を持ち直す
14	保持	H		磁石に物をつけた形	鉛筆を持ったままでいる
15	避けられない遅れ	UD		倒れた人	停電で字が書けず待つ
16	休息	R		腰掛けた人	疲れたので休む
17	避けられる遅れ	AD		寝ている人	よそ見をして字を書かずにいる
18	考える	Pn		頭に手をあて考えている人	何を書くか考える

表注：サーブリッグ記号は当初は17種類が用いられていたが，現在では表中の「2　見出す」が追加された18種類が日本で使用されている。

に動かせるように工夫する），②作業現場の配置（例：使用する工具や材料は互いに近い位置に置き場所を定める），③道具・設備の設計（例：足で操作するペダルの活用，釘抜き付きハンマーや消しゴム付き鉛筆など複数の用途を持つ道具の使用）に関する指針が整理されている。

2.　仕事の安全

（1）労働災害

　労働災害とは，労働者が業務や通勤の途中で負傷，疾病に罹患，死亡することを指す。我が国の労働災害による死亡者数は，1961年に最多を記録した6,712人から，1972年の労働安全衛生法施行を契機に，長期的には減少傾向にある（図9-1）。直近の過去3年間では2015年に972人，2016年に928人，2017年に978人と3年連続で死亡者数が1,000人を下回った。行政や企業が安全管理の整備に尽力してきた成果といえるが，2017年でも依然，多くの死亡者が発生している。休業4日以上の負傷者を含めれば，12万460人もの人々が労働災害に見舞われている。今後も安全性向上のために，不断の努力が必要である。

（2）産業事故

　重篤な労働災害は，当事者本人の人命を損なうだけでなく，甚大な被害をもたらす産業事故にもつながる。航空，鉄道，原子力発電，化学プラント，医療などの産業現場で起きた事故は，組織事故（Reason, 1997）と呼ばれ，第三者や社会に多大な損害を与えている。近年の我が国でも，大きな産業事故が生じている（表9-2）。

　かつての事故や災害の多くは，機械・設備の故障が直接の原因となって生じていた。しかし，技術が高度化し，機械の自動化や信頼性の向上

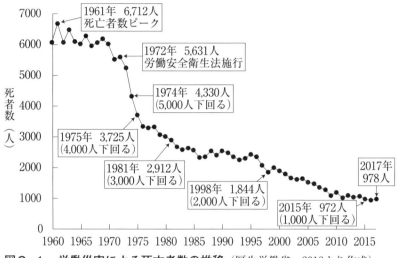

図9-1 労働災害による死亡者数の推移（厚生労働省，2018より作成）

が進んだ現在の産業では，災害や事故の多くに人間の不安全行動が関与している。複雑で巨大なシステムを運用する現場では，作業者の一つのミスが大規模な被害を招きうる。

3. 不安全行動

（1）ヒューマンエラー

　心理学において，ヒューマンエラーは一般に「計画された一連の心理的・身体的過程において，意図した結果が得られなかった場合を意味する用語」（Reason, 1990）と定義される。この定義の「意図した結果」とは，本人がある行為を実行して達成するつもりであった事柄を指す。つまり，行為者本人の「〜しよう」という意図と，それに基づく行為の結果が食い違った場合をヒューマンエラーと呼ぶ。

表9-2 過去に国内で発生した主な産業事故 (1999年以降)

発生年月	名称	被害の概要
1999年1月	横浜市立大学病院患者取り違え事故	横浜市立大学医学部付属病院第一外科で，肺手術と心臓手術の患者を取り違えて手術が行われた。
1999年9月	東海村JCO臨界事故	東海村のJCOの核燃料加工施設でウラン溶液が臨界状態に達し，作業員3名が大量被曝し，後日2名が死亡した。臨界状態は20時間に及び，半径350m内の住民へ避難指示，半径10km内では屋内待避勧告が出された。
2000年3月	日比谷線列車脱線衝突事故	地下鉄日比谷線中目黒駅手前の曲線で列車が脱線し，対向列車と側面衝突した。乗客5名が死亡，63名が負傷した。
2001年1月	日航機駿河湾上空ニアミス事故	駿河湾上空で日本航空の907便と958便の2機がニアミスを起こした。衝突は回避されたが，急降下した907便の乗員乗客42名が重軽傷を負った。
2004年8月	美浜原子力発電所3号機配管破断事故	関西電力美浜原子力発電所3号機で二次冷却系の復水系配管が破断し，高温の蒸気により作業員5名が死亡し，6名が重軽傷を負った。
2005年4月	JR福知山線脱線事故	JR福知山線塚口駅—尼崎駅間で上り快速列車が脱線し，線路脇のマンションに激突した。列車の運転士を含む107名が死亡し，562名が負傷した。
2007年12月	三菱化学鹿島工場火災	三菱化学鹿島工場の第2エチレンプラントの分解炉で大量のオイルが配管から漏れ，火災により作業員4名が死亡した。
2011年3月	福島第一原子力発電所事故	2011年3月11日の東北地方太平洋沖地震と津波の影響により，東京電力福島第一原子力発電所で炉心溶融など放射性物質の放出を伴う原子力事故が発生した。放射性物質による汚染，住民の避難をはじめ，広範な社会的・経済的影響をもたらした。
2011年5月	石勝線特急列車脱線火災事故	特急列車がJR石勝線の清風信号場内で脱線し，構内トンネル内停止後に火災が発生した。車内に充満した煙により，乗客39名が病院へ搬送された。
2012年4月	三井化学岩国大竹工場爆発事故	三井化学岩国大竹工場のレゾルシン製造プラントで爆発・火災が発生した。社員1名が死亡し，作業員11名が重軽傷を負った。爆発の衝撃波で近隣の建物にも被害が及び，地域住民11名が負傷した。
2016年1月	軽井沢スキーバス転落事故	長野県の国道18号碓氷バイパス付近で大型観光バスが道路脇に転落し，乗員2名と乗客13名が死亡，26名が負傷した。

　リーズン（1990）は情報処理過程に基づくヒューマンエラーの基本的タイプを整理した（図9-2）。まずエラーは，意図しない行為と意図した行為の2つに大きく分けられる。意図しない行為の中で，正しいことをするつもりが，実行する際の注意の減少により，手元がくるったり，やり損ないをする行為の失敗をスリップと呼ぶ。また，適切な行為を実行に移す直前や途中で，必要な情報や行為の実行自体を忘れる記憶の失敗がラプスである。意図した行為に分類され，行為を計画する段階で不適切な意図を形成してしまう誤りをミステイクという。ミステイクは「思い込み」「勘違い」といった判断の失敗である。行為者本人は，計画した通りに不適切な行為を実行しており，間違いに自ら気づくことが難

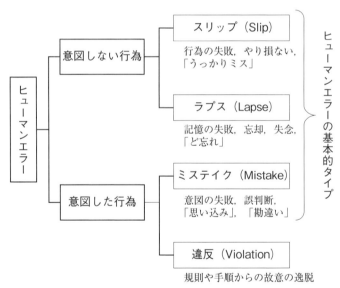

図9-2　ヒューマンエラーの分類（Reason，1990より作成）

表9-3　ヒューマンエラーのタイプ別対策の例

エラーのタイプ	対策の例
スリップ	・指差呼称：作業内容や対象を目視・指差し，発声して確認する作業方法。 ・機械や設備の標準化：スイッチの操作方向や位置を統一する。 ・フールプルーフ：誤操作をしても機械・設備の側で受けつけないようにする仕組み。 　　例：ドアを閉めなければ加熱できない電子レンジ。 　　　　正しい方向でしか挿入できない USB メモリ。 ・フェイルセーフ：誤操作で異常が生じたら，安全な状態に移行させる仕組み。 　　例：赤信号で列車を進行すると自動的にブレーキをかける自動列車停止装置（ATS）。
ラプス	・実施すべき事柄をメモする。 ・実施の順序を整理したチェックリストに従って作業する。 ・リマインダー：重要なことを思い出させる手がかりを用意する。 　　例：思い出すべき時間にタイマーのアラームを鳴らす。 　　　　思い出すべき内容を目につくところに表示しておく（付箋で貼る，など）。
ミステイク	・教育・訓練：単なる手順や規則だけでなく，その背景や意義，必要性の知識も含めて教える。 ・機器の表示・位置：分かりやすく色分けしたり，明確な表示・配置に変更する。 　　例：路線ごとに色分けされた電車の路線図と案内表示。 　　　　オーディオの赤（右音声），白（左音声），黄（映像）の信号別に色分けされたプラグ。 ・復唱：口頭での情報伝達の際，伝えられた内容を受けた側が繰り返し発声する。 ・確認会話：伝達する情報を別の表現に言い換え，詳しく述べて確認する。 　　例：「来週の金曜日の6時にお会いしましょう。」と言われたら，「来週の金曜日は12月9日ですね。では，9日の18時にお目にかかります。」と確認する。

138

しい。ヒューマンエラーの基本的タイプとその心理的過程を考慮することで，有効な対策を考えることができる（表9-3）。

（2）違反

　危険な作業を安全に行うために規則や手順書を整備しても，それが作業者に守られなければ意味がない。自動車の速度超過運転，高所作業での安全帯の不着用，作業手順の省略など，規則や手順書を故意に逸脱する違反は，ヒューマンエラーと同じく災害や事故の引き金となる（Reason，1997；芳賀，2000）。英国安全衛生庁（Health and Safety Executive：HSE，1995）が，産業現場での違反の実態と背景を踏まえて整理した分類を表9-4に示す。

　安全規則や手順からの故意の違反は，それを危険と知りつつあえて行うリスク・テイキングの一種ととらえられ，「本人または他人の安全を阻害する可能性のある行動を意図的に行うこと」（芳賀，2000）と定義される。リスク・テイキングの心理的要因を考慮すると，①作業者が違反に伴う危険に気づかないか主観的に小さく見積もる場合（リスク要因），②危険を冒して得られる目標の価値が大きい場合（ベネフィット要因），③危険を回避するためにかかるデメリットが大きい場合（コスト要因）に，違反は誘発される。

　違反の防止には，その実態とリスク・テイキングの心理的要因を考慮して，作業環境の改善を検討することが必要である。違反には，作業者にとっての利益（時間・労力の節約，技量の誇示，納期の遵守等）と損失（災害や事故，制裁・懲罰，同僚からの非難等）が伴う。前述のリスク・テイキングの観点で違反をとらえた場合のベネフィット要因とコスト要因は，それぞれ利益と損失に相当する。損失より利益の方が上回ると認識した場合に，作業者は違反を行いやすくなる。

表9-4 **違反の分類とその背景**（HSE，1995より作成）

分類	内容と背景
①日常的な違反	規則や手順書の違反が繰り返され，職場で常態化している場合。 背景：労力や時間を節約したいという欲求，規則が厳格すぎる，現場の実態に即していないという認識。
②状況に依存した違反	規則や手順書を守ると，予定期間内に作業を完了させることが難しい場合。 背景：短時間で作業完了を迫る時間圧，人員不足，工具や保護具の不足，管理・監督者による違反の黙認。
③例外的な違反	作業中に異常が生じ，早急に問題解決をするために違反が行われる場合。 背景：違反による危険の理解の不足，危険でも違反をしないと問題を解決できない状況，解決を急ぐ職務上の使命感。
④楽観的な違反	単調で変化のない作業に従事しており，刺激を求めて違反が行われる場合。 背景：好奇心や自己満足，危険を冒すスリルを感じたい，技量の高さや度胸の強さを誇示したいという欲求。違反すること自体が目的となる。

4. 安全管理

（1）事故発生の理論的モデル

　災害や事故が発生した経緯を調べると，作業者のヒューマンエラーや違反だけでなく，その背後にさまざまな要因が関与していることが分かる。発生原因を作業者個人の不適切な行為だけでほぼ説明できる場合もあれば，作業者間のコミュニケーションや仕事の引き継ぎで生じた問題が事故につながる場合や，機器類や経営・管理上の不備など，組織のシステム全体に関わる要因がみられる場合もある。それぞれの要因を重視する代表的なモデルを以下に紹介する。

図9-3　ハインリッヒの法則（Heinrich, 1959より作成）

【ハインリッヒの法則】（図9-3）　個人の要因とその背後の潜在要因に注目する考え方である。ハインリッヒ（Heinrich, 1959）は，労働災害の保険請求データを基に，1件の重大事故の背景には，軽傷の事故が29件，無傷の事故が300件存在するという法則性を見出した。さらに無傷の事故の背景には，事故を免れた無数の不安全な行為や状態が存在すると指摘した。この数値がすべての産業にそのままあてはまるわけではないが，重大事故の防止のためには，傷害のなかった事例の情報も収集し，そこに見出される問題を改善する必要がある。

【スノーボール・モデル】（図9-4）　個人とコミュニケーションの要因に注目し，特に医療事故の発生を説明するモデルである（山内・山内，2000）。医療現場での患者への処置や治療は，複数のスタッフが仕事を引き継いで実施している。引き継ぎの際のコミュニケーションにおいて，前段階のスタッフの失敗を次の段階のスタッフが見逃したり，新たな失敗をして，医療事故が生じる。このモデルは，患者への直接的行為の実施に近い段階になるほど，引き継がれた失敗に気づくことが困難に

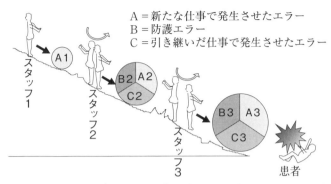

A＝新たな仕事で発生させたエラー
B＝防護エラー
C＝引き継いだ仕事で発生させたエラー

図9-4　スノーボール・モデル（山内・山内，2000より作成）

なり，危険が増幅されることを雪玉が転がり落ちる様子にたとえて説明
している。

【スイスチーズ・モデル】（図9-5）リーズン（1997）は，組織の管理
上の意思決定やプロセスの失敗が潜在的要因となり，ヒューマンエラー
や違反を誘発する条件を作り出し，甚大な被害を広範囲にもたらすとい
う考え方を提唱した。組織のシステム全体を考慮することを重視した立
場である。化学プラントや原子力発電所等の高度な技術システムでは，
安全のための防護が幾重にも設けられている。しかし一つ一つの防護は
完全ではなく，その穴が偶然重なったときに，危険がそれを通り抜けて
重大事故に至る。こうした多層の防護をすり抜けて事故が生じる過程を
スイスチーズ・モデルは表現している。事故の発生要因として単一の問
題点に着目するだけでは，有効な対策につながりにくい。事故の発生過
程における作業者，作業現場，機器・設備の技術的問題，組織管理上の
問題など，多角的に要因を洗い出し，対策を考える必要がある。

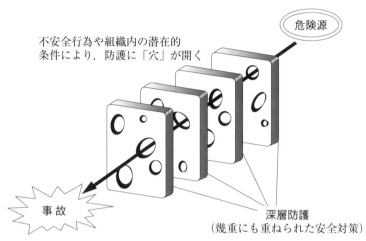

不安全行為や組織内の潜在的
条件により，防護に「穴」が開く

危険源

事故

深層防護
（幾重にも重ねられた安全対策）

図9-5　スイスチーズ・モデル（Reason，1997より作成）

（2）リスク・マネジメント

　従来の安全対策は，事故が起こった後に，その再発を防ぐために実施
されていた。現在ではリスク・マネジメントの考え方を導入し，将来発
生しうる事故の未然防止を重視した取り組みが行われている。ヒヤリハ
ット（作業で危険に遭遇したが難を逃れた事例）報告を収集し，その情
報から職場や作業に潜む危険要因を抽出する。そして，事故につながる
危険要因について，事前にリスクの大きさ（被害の重大性と発生可能
性）を評価し，対策の優先順位を検討する手法がリスク・アセスメント
である。優先的に対応すべきリスクの大きい要因を特定することで，的
確な安全対策を実施することが可能となる。

（3）安全文化

　組織内に潜在する問題やシステムの欠陥は，災害や事故の重要な背後
要因となる。そのため，個々の作業員や現場のみならず，組織全体とし

て事故防止に取り組む安全文化の醸成が求められている。安全文化とは，安全や事故防止への姿勢に関わる組織文化であり，1986年のチェルノブイリ原発事故を契機に国際原子力機関（International Atomic Energy Agency；IAEA）が提唱した。IAEA（1991）は安全文化を「すべてに優先して安全の問題が，その重要性にふさわしい注意を集めることを確保する組織と個人の特質と姿勢を集約したもの」と定義している。

　またリーズン（1997）は，組織の安全文化を構成する具体的な要素として，以下の4つを挙げている。

　①報告する文化：組織内で生じたエラーやニアミス等の失敗事例を隠さず，積極的に報告しようとする雰囲気をつくる。

　②正義の文化：許容できない重大な規則違反や故意の不安全行動について，明確な合意を確立し，罰すべき点は厳格に処罰する。

　③柔軟な文化：業務過多や危険の伴う緊急事態では，必要に応じて組織内の決定権限を現場に移譲し，指揮系統を柔軟に変更する。

　④学習の文化：過去に起きたエラーや事故事例から，安全向上のために重要な情報を抽出し，それらを教訓として組織変革に取り組む。

144

引用文献

Barnes, R.M.（1980）. *Motion and time study : Design and measurement of work, 7th ed.* John Willey & Sons.（バーンズ, R.M. 大坪檀（訳）（1990）. 最新 動作・時間研究―人間性志向の仕事設計法― 産能大学出版部）

Gilbreth, F.B., & Gilbreth, L.M.（1918）. *Applied motion study : A collection of papers on the efficient method to industrial preparedness.* Routledge & Sons.（ギルブレス, F.B., ＆キルブレス, L.M. 都筑栄（訳）（1965）. 応用動作研究―産業的準備のための効果的方法論文集― 風間書房）

芳賀繁（2000）. 失敗のメカニズム―忘れ物から巨大事故まで― 日本出版サービス

Health and Safety Executive, Human Factors in Reliability Groups.（1995）. *Improving compliance with safety procedures : Reducing industrial violations.* HSE Books.

Heinrich, H.W.（1959）. *Industrial accident prevention : A scientific approach (4th ed.).* McGraw-Hill.（ハインリッヒ, H.W. 総合安全工学研究所（訳）（1982）. ハインリッヒ産業災害防止論 海文堂出版）

International Atomic Energy Agency, International Nuclear Safety Advisory Group（1991）. *Safety culture, INSAG-4.* IAEA.

厚生労働省（2018）. 平成29年労働災害発生状況

Taylor, F.W.（1911）*The Princilples of scientific management.* New York : Harper & Row.（テイラー, F.W. 上野陽一（訳編）（1957）. 科学的管理法 技報堂）

Reason, J.（1990）. *Human error.* Cambridge University Press.（リーズン, J. 十亀洋（訳）（2014）. ヒューマンエラー 海文堂出版）

Reason, J.（1997）. *Managing the risks of organizational accidents.* Ashgate.（リーズン, J. 塩見弘(監訳)（1999）. 組織事故―起こるべくして起こる事故からの脱出―日科技連出版社）

山内隆久・山内桂子（2000）. 医療事故―なぜ起こるのか，どうすれば防げるのか―朝日新聞社

参考文献

芳賀繁（2003）．失敗のメカニズム―忘れ物から巨大事故まで―　角川書店（日常生活のささいな失敗から産業事故までさまざまな例を取り上げて，ヒューマンエラーが起こる理由を分かりやすく解説している。）

芳賀繁（2012）．事故がなくならない理由―安全対策の落とし穴―　PHP研究所（安全対策の立案において人間の心理を考慮する必要があることを，現代社会のさまざまなリスクを取り上げて論じた好著である。）

学習課題

1．職場や家庭で行っている作業の効率性を高めるために，作業研究の考え方に基づき，どのような改善・工夫が可能か考察しなさい。

2．自分が最近起こした失敗を振り返り，それがヒューマンエラーのどのタイプにあたるか，また再発を防止するためにどのような対策が有効か考察しなさい。

10 | 職場のストレス

| 三沢　良

《目標＆ポイント》　本章では，職場で働く際に経験する疲労やストレスの問題，およびそれに関連する心理学的な理論について学習する。人が健康に働くために必要な条件について理解を深め，自身の働き方の改善と快適な職場づくりに活かす視点を身につけることを目標とする。
《キーワード》　疲労，ワークロード，ストレス，ソーシャルサポート，ストレスチェック，ワーク・ライフ・バランス

1. 疲労とワークロード

（1）疲労

　仕事で作業に継続して取り組めば，やがては誰もが疲労し，作業の能率が落ちてくる。一般に，疲労とは「過度の肉体的および精神的活動，または疾病によって生じた，心身の活動能力や能率の減退状態」（日本疲労学会，2012）を指す。疲労は，休息・休養をとることで回復する，日常的な範囲の生理的変化である。必要な休息の時間区分により，疲労は次のように分類できる（日本産業衛生学会・産業疲労研究会，1988）。
①急性疲労：数分〜数十分間の一連続作業のうちに進行する疲労であり，数分程度の小休憩により回復可能
②亜急性疲労：十数分〜数時間の反復作業で次第に進行する疲労であり，十数分〜数十分程度の休憩により回復可能
③日周性疲労：1日の勤務の結果として生じる疲労であり，翌日までの

　休養・睡眠により回復可能

④慢性疲労：連日にわたり蓄積して作用する疲労であり，回復には数日から数ヵ月の休養を要する

　このうち慢性疲労は，休息・休憩によって疲労が回復されず，次の勤務に持ち越された過労状態にあたり，疾病の原因にもなる。コンピュータ端末を操作するオフィスワーカーの VDT（Visual Display Terminal）症候群（眼精疲労，頸肩腕症候など），看護師や介護職の腰痛などは，過度の作業を繰り返し，疲労が回復せぬまま蓄積し，心身の多方面に症状が現れた例である。

（2）ワークロード

　慢性疲労に陥らないためには，ワークロードの管理が重要である。ワークロードは，作業負荷と作業負担によって構成される（芳賀，1997）。仕事で要求される作業の量，困難さ，時間的制約，ノルマなど，物理的にコントロール可能な外的条件を作業負荷という。作業負荷が引きおこす身体的・精神的反応が作業負担である。例えば負担が大きいと，作業者には心拍数の増加，血圧の上昇，発汗，精神的な緊張などが生じる。

　作業負担は，作業者とそのパフォーマンス（作業の質と量）にさまざまな影響を及ぼす。適度な負担は意欲を向上し，パフォーマンスを促進する。負担が過剰な激務では，疲労および疲労様状態（単調感，心的飽和，注意力の低下などの症状）をもたらし，パフォーマンスの低下をまねく。

　作業負荷の評価には，作業研究（9章参照）の技法が問題点の把握に役立つ。他方，作業負担に関しては，作業者の身体的・精神的反応を測定することが必要となる。その測定方法は，生理的測定，行動的測定，主観的測定に分類される。生理的測定は主に身体的負担の測定に使用さ

れる。エネルギー代謝率，筋活動度，心拍数，発汗量，注意の集中度，脳波等の指標がある。行動的測定では，姿勢の変化，作業成績，二重課題法による副次課題成績が指標に用いられる。主観的測定は，精神的作業負担を把握するため，質問紙尺度が使用されている。代表的な尺度として，NASA-TLX（NASA task-load index）やSWAT（subjective work-load assessment technique）がある（芳賀，2001；三宅・神代，1993）。また，疲労に関する主観的評価（疲労感）の尺度としては，自覚症しらべ（酒井，2002）が広く用いられており，5つの観点（ねむけ感，不安定感，不快感，だるさ感，ぼやけ感）から疲労状況が評価されている。

（3）長時間労働と過労死

　長時間労働は，作業負荷を増加させるとともに，仕事以外の時間を減少させることで疲労回復時間を減らすという2つの面で悪影響を及ぼす。そして，脳・心臓疾患リスクの増加，睡眠時間の減少，慢性疲労の増加，心身の不調をもたらす。特に深刻な問題が過労死である。

　厚生労働省（2018a）の「過労死等の労災補償状況」では，脳・心臓疾患の労災請求件数は，概ね700～900件の間で推移している。250～300件が労災として認定され，このうちおよそ100件が死亡の事案である。直近の2017年度の労災請求件数は840件，認定件数は253件（うち死亡92件）である。また，精神障害の労災請求件数は右肩上がりの増加傾向を示しており，直近の2017年度は1,732件に達した。認定件数も増加しており，2017年度は506件（うち未遂含む自殺は98件）である。

2.　職場のストレス

（1）職場のストレスの実態

　心理的なストレスは，疲労と同様に健康へ悪影響を及ぼす。仕事や職場で強いストレスを経験している労働者は多い。労働安全衛生調査（厚生労働省，2018ｂ）によると，「現在の仕事や職業生活に関することで，強いストレスとなっていると感じる事柄がある」と回答した労働者の割合は，58.3％であった。また，強いストレスの内容（主なもの３つ以内の複数回答）は，「仕事の質・量」が62.6％と最も多く，次いで「仕事の失敗，責任の発生等」が34.8％，「対人関係（セクハラ・パワハラを含む）」が30.6％，「役割・地位の変化等（昇進，昇格，配置転換等）」が23.1％となっている。

（2）ストレスの基本的なとらえ方

　職場のストレスについて理解するために，ストレスという概念の基本的なとらえ方を確認しておく。

【ストレス】　ストレスは，もとは物理学や工学で用いられていた用語であり，物体に外部から圧力をかけて生じた歪みを意味していた。心理学では，心身の緊張や不快な感情を引きおこす刺激をストレッサー（ストレス源），その刺激によって個人内に生じる身体・心理・行動的反応をストレス反応（ストレイン）と呼ぶ。そして，ストレッサーがストレス反応を引きおこす一連の過程をストレスととらえる。

【認知的評価】　同様のストレッサーに遭遇しても，発現するストレス反応の強さは人によって異なる。この個人差について，ラザルスとフォルクマン（Lazarus & Folkman, 1991）は認知的評価の観点から説明している。認知的評価は，ストレッサーである出来事に対して個人が行う意

味づけであり，一次評価と二次評価で構成される。一次評価とは，遭遇した出来事が自分にとって関係があるか，自分を脅かすものかなどに関する評価である。仮に，その出来事を自分に無関係で無害と評価すれば，ストレッサーとはならない。二次評価は，遭遇した出来事の解決や克服のために，自分に対処が可能かどうかに関する評価である。たとえ脅威となりうる出来事であっても，効果的に対処できると思えれば，ストレス反応は抑制される。

（3）職場ストレスの理論

　職業生活や職務遂行の中で経験される職場のストレスに関して，代表的な理論的モデルを概説する。

【職務ストレスモデル】（図10-1）　職場で遭遇するさまざまなストレッサーを網羅的に整理し，それらとストレス反応や疾病の因果関係を示したモデルである（Cooper & Marshall, 1976）。このモデルでは影響の流れとして，組織内および組織外のストレッサーが個人の特性を経由し，心理的な不健康状態や行動上の問題を生じさせ，長期的には心疾患や精神障害をもたらすと仮定している。

【職務要求度―コントロールモデル】（図10-2）　職務の要求度と裁量度（コントロール）の組み合わせにより，ストレス反応の生起を説明するモデルである（Karasek, 1979）。職務の要求度とは，仕事の量，突発的な出来事，職場の対人的問題である。職務の裁量度とは，仕事上の意思決定の権限，仕事に活用できる技能の自由度である。要求度が高く，裁量度が低い職務が高ストレスとなる。しかし，要求度が高くとも，高い裁量度が与えられていれば，自らの手で困難を克服できるため，能動的な職務になる。

　ジョンソンとハル（Johnson & Hall, 1988）は，このモデルにソーシ

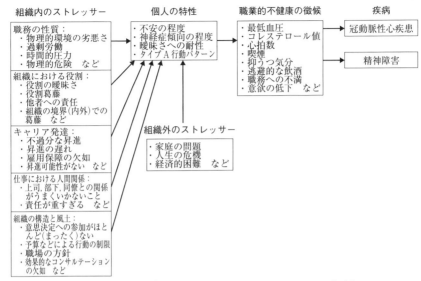

図10-1　職務ストレスモデル（Cooper & Marshall, 1976より作成）

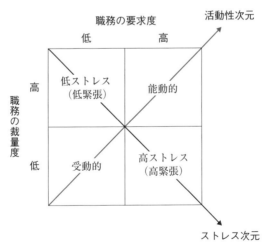

図10-2　職務要求度－コントロールモデル（Karasek, 1979より作成）

ャルサポートを加えた職務要求度―コントロール―サポートモデルを提
案している。このモデルでは，職務の要求度が高く，裁量度が低く，上
司や同僚のサポートが乏しい場合に，最もストレス反応が高くなると考
えられている。

【職業性ストレスモデル】（図10-3）　米国の国立労働安全衛生研究所
は，過去の職務ストレスの研究成果を包括したモデルを提案した
（Hurrell & McLaney, 1988）。職務ストレスモデルと同様に，職場のさ
まざまなストレッサーが急性ストレス反応を引きおこし，長期化すると
疾病に進展することを示している。このモデルの特徴は，職場のストレ
ッサーの影響が個人要因や職場外の要因，ソーシャルサポートによって
調整されると仮定する点である。特に，上司，同僚，家族からのソーシ
ャルサポートが，ストレッサーの効果を低減する緩衝要因として位置づ
けられている。

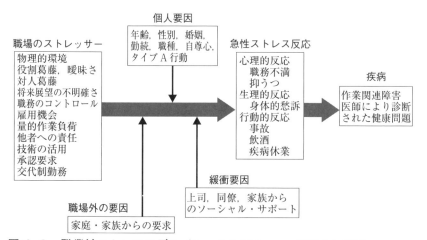

図10-3　職業性ストレスモデル（Hurrell & McLaney, 1988より作成）

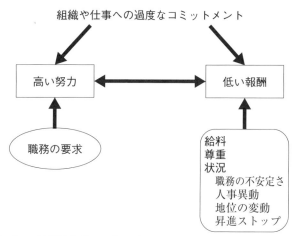

図10-4　努力—報酬不均衡モデル（Siegrist, 1996より作成）

【努力—報酬不均衡モデル】（図10-4）　このモデルでは，職務の遂行に費やされる努力（仕事の質・量，時間）に対して，その結果として得られる報酬が不足した場合に，高いストレス反応が生じると説明される（Siegrist, 1996）。報酬には，金銭だけでなく，尊重などの心理的報酬，雇用の安定や昇進なども含まれる。また，組織や仕事への過剰なコミットメントは，努力と報酬の関係に影響を及ぼす。つまり，コミットメントが強いと，さらにストレス反応は高くなると考えられている。

3．健康に働くために

（1）ストレスへの対処

【コーピング】　遭遇したストレッサーへの対処行動をコーピングと呼び，問題焦点型と情動焦点型の2つに大別される（Lazarus & Folkman, 1984）。問題焦点型とは，ストレッサーをなくす，または減

らすための努力であり，問題解決に向けて計画を練る，情報を収集する，などが該当する。情動焦点型とは，ストレッサーによって生じた不快な情動を処理することに焦点を置く。多彩なコーピングを使用でき，また状況に応じて柔軟に使い分けることができると，精神健康を保ちやすい。

【ソーシャルサポート】　職場内の上司・同僚，また職場外の家族や友人など，援助を求めることができる人間関係は，ストレスへ対処するための重要な資源となる。ハウス（House, 1981）によると，ソーシャルサポートには4種の形態がある。

　①情緒的サポート：愛情，共感，思いやりなど，人と人との情緒的な結びつきに基づく支援（愚痴を聞く，慰めるなど）
　②評価的サポート：その人の考えや行動への評価基準を提供することによる支援（善悪や正否かの判断への適切なフィードバックなど）
　③道具的サポート：お金や労力を提供するような直接的な行為による支援（仕事を手伝う，お金を貸すなど）
　④情報的サポート：必要な助言や情報，専門的な知識を伝えるといった情報提供による支援（どこへ行けば助けが得られるか，どこに必要な情報があるかを教えるなど）

（2）ストレスチェック

　ストレス反応の長期化は疾病につながる恐れがあるため，心身の徴候の異常は早期に発見・対処することが重要となる。そのためには，定期的なストレスチェックが有効である。労働安全衛生法の改正により，2015年12月より労働者50人以上がいる事業所では，年1回のストレスチェックの実施が義務づけられた。うつなどのメンタルヘルス不調を未然に防ぐために，労働者が自身のストレス状態を知ること，また集計結果

の分析を通じて職場を改善することが目的とされている。

　職業性ストレス簡易調査票（下光・原谷，2000）は，ストレスチェックに利用される代表的な調査票であり，仕事のストレス要因，ストレス反応，修飾要因（周囲のサポートや満足度）からなる57項目で構成されている。また，これを基に改訂された新職業性ストレス簡易調査票（川上，2012）は，情緒的負担や役割葛藤，仕事への肯定的な関わり，職場の一体感，ハラスメントなどを多角的に把握する項目が追加されている。

（3）ワーク・ライフ・バランス

　近年，共働き世帯の増加や雇用・就労形態の多様化などを背景として，希望する働き方や働くことの意味づけが変化している。かつての高度成長期のような仕事偏重の働き方ではなく，子育てや介護などの仕事以外の活動にも積極的に時間を割き，仕事と私生活を両立させたライフスタイルを望む人は増えている。

　ワーク・ライフ・バランスとは「仕事と生活の調和」と訳され，「老若男女誰もが，仕事，家庭生活，地域生活，個人の自己啓発など，さまざまな活動について，自ら希望するバランスで展開できる状態」（内閣府，2007ａ）と定義される（図10-5）。ワーク・ライフ・バランスは，子育て期の女性への育児支援に限定した問題として，誤解されていることがある。女性の継続就業や再就職の支援は重要であるが，それだけがワーク・ライフ・バランスを指すのではない。定義に示されているように，性別や年齢を問わず，また仕事と家庭以外のさまざまな領域の活動を含めて調和を考えることが重要である。

　2007年12月に政府，地方公共団体，経済界，労働界の合意によって「仕事と生活の調和（ワーク・ライフ・バランス）憲章」（内閣府，2007

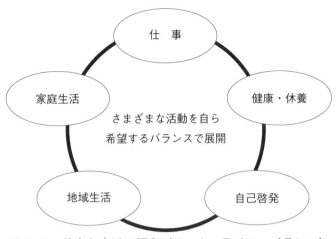

**図10-5　仕事と生活の調和（ワーク・ライフ・バランス）
の考え方**（内閣府，2007 a より作成）

ｂ）が策定された。この憲章では，めざすべき社会の具体的な姿として，①就労による経済的自立が可能な社会，②健康で豊かな生活のための時間が確保できる社会，③多様な働き方・生き方が選択できる社会の３点が掲げられている。これに基づき，ワーク・ライフ・バランスを実現するために，官民あげてのさまざまな取り組みが進められている。

引用文献

Cooper, C.L., & Marshall, J.（1976）. Occupational sources of stress : A review of the literature relating to coronary heart disease and ill health. *Journal of Occupational and Organizational Psychology, 49*, 11–28.

芳賀繁・水上直樹（1996）. 日本語版 NASA–TLX によるメンタルワークロード測定―各種室内実験課題の困難度に対するワークロード得点の感度― 人間工学, *32*, 71–79.

芳賀繁（1997）. ワークロード 産業・組織心理学研究, *10*, 111–119.

House, J.S.（1981）. *Work stress and social support.* Reading, MA : Addison Wesley.

Hurrell, J.J., & McLaney, M.A.（1988）. Exposure to job stress : A new psychometric instrument. *Scandinavian Journal of Work, Environment, and Health, 14*（supplement 1）, 27–28.

Johnson, J.V., & Hall, E.M.（1988）. Job strain, work place social support, and cardiovascular disease : A cross–sectional study of a random sample of the Swedish working population. *American Journal of Public Health, 78*, 1336–1342.

Karasek, R.A.（1979）. Job demands, job decision latitude, and mental strain : Implication for job design. *Administrative Science Quarterly, 24*, 285–307.

川上憲人（2012）. 平成23年度厚生労働科学研究費補助金（労働安全衛生総合研究事業）労働者のメンタルヘルス不調の第一次予防の浸透手法に関する調査研究 総括研究報告書

厚生労働省（2018ａ）. 平成29年度「過労死等の労災補償状況」

厚生労働省（2018ｂ）. 平成29年「労働安全衛生調査（実態調査）」の概況

Lazarus, R.S., & Folkman, S.（1984）. *Stress, appraisal, and coping.* New York : Springer.（ラザルス, R.S.&フォルクマン, S. 本明寛・春木豊・織田正美（監訳）（1991）. ストレスの心理学―認知的評価と対処の研究― 実務教育出版）

三宅晋司・神代雅晴（1993）. メンタルワークロードの主観的評価法―NASA–TLX と SWAT の紹介および簡便法の提案― 人間工学, *29*, 399–408.

内閣府（2007ａ）.「ワーク・ライフ・バランス」推進の基本的方向報告―多様性を尊重し仕事と生活が好循環を生む社会に向けて―

内閣府（2007 b）．仕事と生活の調和（ワーク・ライフ・バランス）憲章

日本疲労学会（2012）．抗疲労臨床評価ガイドライン

日本産業衛生学会・産業疲労研究会（編）（1988）．［新装］産業疲労ハンドブック　労働基準調査会

酒井一博（2002）．日本産業衛生学会産業疲労研究会撰「自覚症しらべ」の改訂作業　労働の科学, *57*, 295-298.

Siegrist, J.（1996）．Adverse health effects of high-effort/low-reward conditions. *Journal of Occupational Health Psychology, 1*, 27-41.

下光輝一・原谷隆文（2000）．職業性ストレス簡易調査票の信頼性の検討と基準値の設定　労働省平成11年度「作業関連疾患の予防に関する研究」報告書　pp.126-138

参考文献

横山博司・岩永誠（編著）（2003）．ワークストレスの行動科学　北大路書房（職場のストレスに関する多くの理論とその研究成果を紹介し，体系的に整理している。）

金井篤子（編）（2016）．産業心理臨床実践：個（人）と職場・組織を支援する　ナカニシヤ出版（産業領域での心理臨床に必要となるストレスや精神保健，労働関連法規，さらに実践事例まで広範なトピックスを解説している。）

学習課題

1．自分の経験したストレスフルな出来事を 1 つ取り上げ，ストレッサーとストレス反応に整理し，本章で紹介した理論を基に説明できるか考察しなさい。

2．自分または自職場が，ストレスへ効果的に対処するために，どのようなことを行えるか考察しなさい。

11 | 職場のメンタルヘルス対策

池田 浩

《**目標＆ポイント**》 組織で働く労働者は日々さまざまなストレスにさらされている。労働者のメンタルヘルスの悪化は，組織の生産性を脅かす危険性を秘めている。それでは組織では労働者のメンタルヘルスに対してどのような対策が講じられているのだろうか。本章では，組織で働く労働者のメンタルヘルスに関する基本的対策を紹介するとともに，昨今メンタルヘルスを含めたさまざまな問題に対応する施策として注目を集めている EAP（従業員支援プログラム）について解説する。

《**キーワード**》 メンタルヘルス，1次予防，2次予防，3次予防，EAP，ストレス

---

1. 組織を蝕むストレス

組織の労働者は与えられた職務を遂行し，一定の成果を上げていく必要がある。そこに至るまでには，達成すべき目標のプレッシャーにさらされたり，協働すべき同僚との関係性に不協和が生じたり，あるいは顧客から理不尽な要求を突きつけられることも少なくない。一方で，それらを乗り越えることで仕事へのやりがいや達成感を感じる。すなわち，仕事に取り組む上で，「ストレス」と「やりがい」（生産性）は決して切り離せない関係にあることが分かる。

（1）ストレスは労働者の生産性を阻害するか

　古典的ではあるがストレスと生産性との関係性を論じたモデルとしてヤーキーズ・ドットソンの法則がある（Yerkes & Dodson, 1908）。このモデルでは，ストレスと生産性には，逆Ｕ字の関係があることを示している。すなわち，ストレスが中程度のときに最も生産性が高まることを意味している。このことを組織場面に置き換えて解釈すると，適度なストレスは，働く人々のワーク・モチベーションを引き出し，それが業績や目標達成につながることを示唆している。

　しかし，このモデルが示唆するもう一つの重要なことは，ストレスが過剰なときには生産性を脅かすことである。なおかつ，長期的にストレスにさらされると，生産性だけでなく，メンタルヘルスも脅かされることは想像に難くない。

　我が国においてストレスやそれを原因として発症した精神疾患が大きく問題として取り上げられたのは1990年代中頃である。1993年にバブル

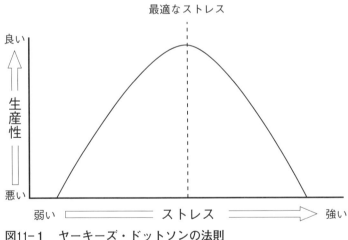

図11-1　ヤーキーズ・ドットソンの法則

が崩壊し，我が国の組織を取り巻く環境は劇的に変化した。その変化に適応すべく，多くの組織では，組織構造の改革や人員整理，人事評価制度の変革など再構造化（リストラクチャリング）を図るようになった。しかし，その副作用として，組織の労働者は，大きなストレスにさらされて，結果としてメンタルヘルスに不調をきたすようになった。

（2）ストレスを感じている労働者の割合

　私たちは日頃「ストレスが溜まった」，「この仕事は非常にストレスがかかる」など，たびたびストレスという用語を発したり，耳にする。では，どれくらいの労働者が仕事においてストレスを感じているのだろうか。ストレスの問題を議論するうえで，組織の労働者が抱えているストレスの程度を知ることは，組織においてメンタルヘルス対策を講じるうえで必要不可欠である。

　代表的な資料として厚生労働省が5年ごとに実施している「労働者健康状況調査」がある（厚生労働省，2012）。この調査では，労働者の職業性ストレスについて尋ねる質問が含まれている。具体的には「あなたは現在の自分の仕事や職業生活に関することで強い不安，悩み，ストレスとなっていると感じる事柄がありますか」に関する質問に対して，「はい」もしくは「いいえ」で回答を求めている。次の図11-2には，1982年から2012年まで5年ごとに行われた合計7回の調査結果を示している。

　図11-2を見ると調査が開始された1982年では，労働者の50.6％がストレスを感じている，と回答している。ところがバブルが崩壊して，多くの組織が変革に取り組んでいた1997年では，労働者の62.8％がストレスを抱えていると回答しており，急激にストレスが増していることが分かる。その後，長い景気の低迷を経て，最近では景気が上向いていると

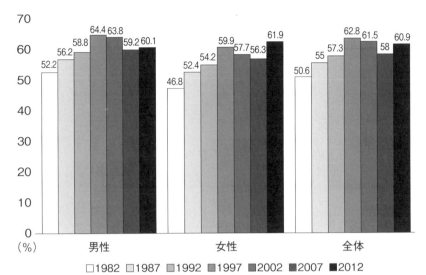

図11-2　仕事や職業生活に関する強い不安，悩み，ストレスの有無
（厚生労働省「労働者健康状況調査」より）

報道されているものの2012年でも労働者の60.9％がストレスを抱えていると回答している。

（3）ストレスの原因は何か

　労働者は何にストレスを感じているのだろうか。次の図11-3は，2002年の調査結果の中から，労働者のストレスの原因を示している（厚生労働省，2002）。その中で最もストレスの原因として挙げられているものが「職場の人間関係」である。次いで「仕事の質」，「仕事の量」もストレスを感じる源になっていることが分かる。

　「職場の人間関係」は，以前の調査においてもストレスを引きおこす原因として挙げられてきた。良好な人間関係は，仕事へのやりがいをも

たらす一方で，人間関係への不安や不協和は，働くうえでも大きなスト
レス源になることが分かる。特に，昨今の企業組織では，労働者同士の
人間関係の希薄化が大きな問題となっている。かつての高度経済成長期
の組織では，「飲みにケーション」と称されるように，仕事以外でもイ
ンフォーマルな付き合いや交流が多くなされていた。また，そうした機
会を通じて，同僚や年代を超えて人間関係を育むとともに，技術の伝承
などもなされていた。しかし近年ではインフォーマルな交流はめっきり
と減少し，労働者同士のコミュニケーションも直接的な対話よりはむし
ろＥメールなどの電子的なやりとりが大半を占めている。これらはいつ
でもメッセージを送ることができるメリットを持つ一方で，相手の感情
などが分からずに深い関係性を構築することを難しくさせるデメリット
も同時に抱えている。

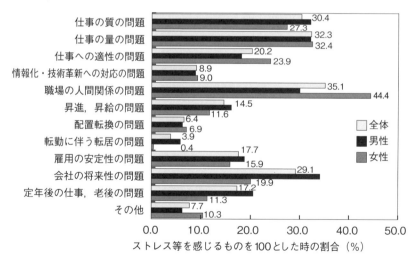

図11-3　労働者のストレスの原因
　　　（厚生労働省「労働者健康状況調査」より）

　上記の調査の原因以外にも，近年，労働者のストレスの原因となっているものとして「雇用形態の多様化」がある。1999年に労働者派遣法が改定され，派遣社員や，契約社員等の非正規雇用の労働者が劇的に増加した。組織にとっては人件費を削減できるメリットを持つものの，働く労働者からすると大きな不安を抱えることとなりストレスの源ともなっている。

2. 組織におけるメンタルヘルスの対策

　組織におけるメンタルヘルス対策には，メンタルヘルスの不調を未然に防ぐ「1次予防」，メンタルヘルスの不調を早期に発見し，対応する「2次予防」，そして休職から円滑な復職を支援する「3次予防」に大きく分けることができる（天笠，2008）。それぞれの内容について概説する（大塚，2017）。

（1）1次予防
　1次予防とは，労働者のメンタルヘルスの不調を予防するための取り組みを意味する。図11-4には職業性ストレスモデル（Hurrell & McLaney，1988）を示している。このモデルでは，職場環境や役割上の葛藤や不明確さ，仕事のコントロールなどさまざまな「職場のストレス要因」（ストレッサー）が，心理的（抑うつなど），生理的（身体的訴え），行動的（事故や欠勤など）などの「ストレス反応」を引きおこし，その結果として「疾病」に至るプロセスを示している。そして，このプロセスには「個人特性」や家庭等の「仕事外の要因」も影響し，また上司や同僚などの「ソーシャルサポート」はストレスを緩衝する要因として機能することを意味している。

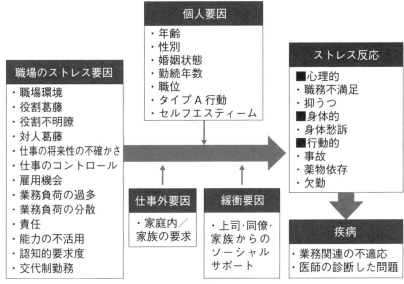

図11-4　NIOSH 職業性ストレスモデル（Hurrell & McLaney, 1988）

　この図11-4からも分かるように，メンタルヘルスの不調を未然に防
ぐためには，まずは労働者を取り巻く職場環境や仕事上のストレッサー
要因を改善することが求められる。また労働者自身もストレスに対する
知識を習得して，ストレスに柔軟に対応できるスキルを形成することが
必要である。このほかにも，労働者の直属の管理・監督者による気づき
や適切な支援（「ラインによるケア」として後述する）もストレスを緩
和するうえで重要な要因と言える。

　このような背景から，2006年に厚生労働省が公表した「労働者の心の
健康の保持増進のための指針」（厚生労働省，2006）では，メンタルヘ
ルスの不調を予防するためには，「労働者自身のセルフケア」，「ライン
によるケア」，「職場環境の改善」を奨励している。

① セルフケア教育

　セルフケアとは，労働者自らが精神的な健康を維持増進するために行うケアのことを指す（坂爪，2007）。すなわち，仕事においてさまざまなストレスに耐えうる心の強さを作るためにも，ストレスやストレスマネジメントに関する知識を身につけるとともに，自らが抱えるストレスの状態にも気づくことができ，さらにストレスを抱えていた場合それに対処するためのスキルを身につけるためのセルフケア教育は必要不可欠と言える。

　例えば，心理学的ストレス理論としてよく知られる「認知的評価理論」（Lazarus & Folkman, 1984）について言えば，その理論を理解することを通じて，ストレッサーがどのようなプロセスを経て心理的な不適応に至るかを知ることができる。加えて，労働者の身の回りのストレッサーに対してどの程度の負担を感じているのか（認知的評価），ストレスに対する問題解決型コーピングや情緒的コーピングを有効に実行できているのかの確認を行うことができる。

② ラインによるケア

　ラインによるケアとは，労働者を率いる管理・監督者によるケアを意味する（坂爪，2007）。管理・監督者は，多数の労働者を監督する権限が与えられているが，それはその現場の業績や生産性に関する責任だけでなく，労働者がイキイキと働くためにメンタルヘルスについても支援する役割も期待されている。換言すると，職場の労働者のメンタルヘルスの不調を予防することは，管理・監督者にとって重要な役割と言えるだろう。例えば，労働者が働く職場環境や労働時間，仕事の量や質，職場内の人間関係が，労働者のメンタルヘルスに悪影響をもたらしているのであれば，それを改善することが求められる。

　加えて，管理・監督者は，労働者のセルフケアに対する支援を行う必

要がある。すなわち，日常的に労働者のメンタルヘルスに関わる相談に乗るとともに，メンタルヘルスの不調に陥らないよう配慮することも欠かせない。

　これらの役割を十分に果たすためには，管理・監督者に対して教育を施すことは重要である。特に，管理・監督者の中には古き良き時代の価値観から，メンタルヘルスの不調に理解が乏しく，ややもすれば「心の緩み」や「怠け」と扱ってしまうことも珍しくない。そのため，労働者を預かる管理・監督者に対して果たすべき安全配慮義務について解説し，ストレスやメンタルヘルスに関わる基本的な知識も身につけてもらう必要がある。さらには労働者のメンタルヘルスに関わる相談に対応できるためにカウンセリングマインドや傾聴のスキルも身につける必要もあるだろう。

③　職場環境の改善

　ストレスを引きおこす職場環境を改善することも，メンタルヘルスの不調を予防するうえで必要不可欠である。この職場環境を評価するうえで，我が国では，労働安全衛生法の改正に伴い，2015年12月から労働者50名以上の事業所について，ストレスチェックの実施が義務化された。加えて，職場の環境をアセスメントし改善活動を行うことも求められるようになった（大塚，2017）。

　職場環境を評価するための，代表的なアセスメントのツールとして，職業性ストレス簡易調査票（下光ら，2000）がある。このツールでは「仕事の量的負担」「仕事のコントロール」「上司の支援」「同僚の支援」の４因子を評価し，図11-5に示すように「仕事のストレス判定図」（東京大学大学院医学研究科精神保健学，看護学分野　2001）を作成し，これを参考に職場環境の改善を図ることができる。

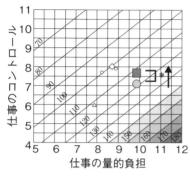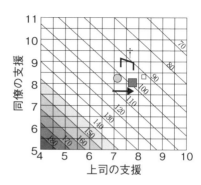

実施年度	人数	平均得点				健康リスク		
		量的負荷	コントロール	上司の支援	同僚の支援	量-コントロール	職場の支援	総合
◯ 2000年度	143	9.86 (1.81)	7.12 (1.98)	7.23 (2.24)	8.30 (2.02)	118	101	119
▢ 2001年度	144	9.92 (1.84)	7.63 (1.85)	7.70 (2.24)	8.08 (1.99)	113	99	112
	(t 値)	− 0.25	− 2.26*	− 1.77†	0.90			

*p<.05, †p<.10

図11-5 仕事のストレス判定図（川上・堤，2007）

（2）2次予防

　2次予防は，重篤な精神疾病を引きおこさないよう，早期の段階で疾病を発見し，対応する取り組みである。精神的な疾病は，一時的にストレスを抱え比較的早期に回復するケースや，精神科医やその他の専門家の支援を要するケースまでさまざまではあるが，メンタルヘルスの不調に陥った人を，できるだけ早期に発見して何らかの対応を取ることが，メンタルヘルスの回復にも，また通常の仕事に復帰するうえでも重要である。

① 早期発見

　ここで問題となるのが，メンタルヘルスの不調に陥った人をどのように発見するか，である。当該本人自身が身体的，精神的な不調に気づく

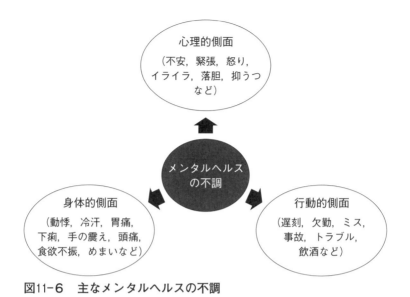

図11-6　主なメンタルヘルスの不調

ことが期待されるが，一時的なものととらえたり，また精神的な不調を
認めずに無理をおして仕事を続けてしまうことも多い。なお，メンタル
ヘルスの不調状態には，上の図11-6にあるように，抑うつなどの「心
理的側面」，頭痛や胃痛などの「身体的側面」，そして遅刻や欠勤などの
「行動的側面」がみられる。

　これらの特徴や変化に気づきやすいのは，職場の上司などの管理・監
督者や同僚である。特に管理・監督者は，職場全体の業務を遂行し，一
定の成果を上げる責任があると同時に，業務を第一線で担っている労働
者のメンタルヘルスにも配慮する義務もある。ましてや，労働者がメン
タルヘルスの不調をきたし，図11-6に示される異変が生じているので
あれば，即座に組織内の健康管理スタッフなどと連携をとる必要があ
る。

　また，毎年受診する健康診断によって，身体所見を有する労働者を特

定することができる。さらに，健康診断時に実施される検査項目「自覚症状及び他覚所見の有無の検査」項目への回答からもメンタルヘルス不調者を発見できる機会になる。

　その他，うつ病などの精神的な疾病の存在をスクリーニングする方法として，自記式の検査なども多数存在する。

② 早期対応

　何らかの精神的疾病が疑われた場合には，深刻にならないよう早い段階で支援を行うことが求められる。メンタルヘルス不調者を発見した場合には，産業医等の適切なアドバイスに基づいて，心理職によるカウンセリングや，業務においても配置転換等を行い，回復をめざしていく。

（3）3次予防

　3次予防とは，すでにうつ病等の精神的な疾病が発症している不調者の回復と就労を支援することである。精神的な疾患を発症した場合には，症状を軽快させるために，多くの場合休業を余儀なくされる（大塚，2017）。その休業期間は長期にわたることも多く，また休職を経て職場復帰を果たしたものの，再発して休業を余儀なくされることもある。そのため，いかに休職した労働者をスムーズに復帰させるかが，3次予防の重要な課題となっている。

　職場復帰に向けたステップとして，2009年に厚生労働省が発表した「心の健康問題により休業した労働者の職場復帰支援の手引き」（厚生労働省，2009）について概説する（図11-7）。

第1ステップ：病気休業開始および休業中のケア

　労働者から，管理監督者に対して主治医からの診断書（病気休業診断書）が提出されることにより，休業が始まる。そこから，職場復帰に向

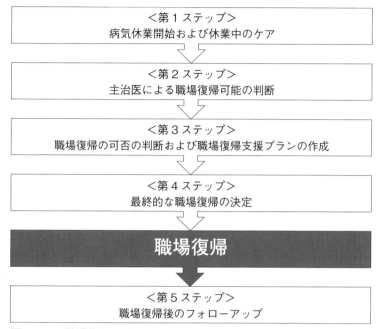

図11-7　**職場復帰の流れ**（厚生労働省，2009）

けた支援が始まる。このステップでは，労働者が，安心して療養に専念
できる環境を整えることが肝要である。特に，疾病手当金などの経済的
保証の問題や，休業期間中の不安や悩みの相談先の紹介，休業期間など
必要な情報提供が求められる。

第2ステップ：主治医による職場復帰可能の判断

　労働者から職場復帰の意志が伝えられると，職場からは主治医による
診断書を提出するよう求められる。主治医は，医学的見地から職場復帰
が可能か否かを判断し，職場復帰した場合に配慮すべき事項など具体的
な意見を診断書に記入することになる。

　しかし，主治医による職場復帰を認める診断書が提出されたからとい

って，かならずしも即座に職場がそのまま労働者の職場復帰を認めるとは限らない。なぜなら，主治医はあくまでも日常生活での症状の回復のようすから職場復帰の可能性を判断しており，かならずしも職場での業務を遂行できる水準まで回復していると判断したものではないからである。そのため，復帰前に，産業医や人事労務担当者，管理監督者が，労働者本人と面談を行い，総合的に職場復帰が可能かどうかを判断していくことになる。

第3ステップ：復帰の可否の判断および職場復帰支援プランの作成

　ここではスムーズな職場復帰を支援するために，必要な情報を収集しながらプランを作成する。具体的には，労働者による職場復帰に対する意思の確認，産業医等による主治医からの意見収集，労働者の回復状況および業務遂行能力，職場環境等の評価などの情報を収集する（厚生労働省，2009）。そのうえで，職場復帰の可否について関係スタッフで協議し決定していく。

　それを踏まえながら，「職場復帰日」や「管理監督者による就業上の配慮」（業務サポートの内容や業務量の変更など），「人事労務管理上の対応」（配置転換や移異動の必要性など），「産業医等による医学的見地から見た意見」（安全配慮義務に関する助言，職場復帰支援に関する意見）などを考慮して，職場復帰を支援するためのプランを作成していく。

第4ステップ：最終的な職場復帰の決定

　上記を踏まえて，事業者による最終的な職場復帰を決定する。

第5ステップ：職場復帰後のフォローアップ

　復帰後に，順調に就業できているか，配慮すべきことは無いかなどをフォローアップしていく。必要に応じて，職場復帰支援プランの評価や見直しを行っていく。

3. 労働者の個人的問題を解決する EAP

　近年，我が国の組織においてメンタルヘルスの不調や精神的な疾患が大きな問題となっている中で，厚生労働省は2000年に「事業場における労働者の心の健康づくりのための指針」（厚生労働省，2000）を策定している。この指針では，各事業所（組織）に対してメンタルヘルスを支援するための体制や支援を整えることが奨励されている。具体的には先述のように「セルフケア」，「ラインによるケア」，「事業場内産業保健スタッフ等によるケア」，そして「事業場外資源によるケア」の4つが挙げられている。

　この中の事業場外資源によるケアとして，昨今，EAP（Employee Assistance Program）サービスが注目を集めている。EAP とは労働者支援プログラムと呼ばれ，組織で働く労働者のメンタルヘルスをはじめとして，家庭問題，金銭問題，法律問題などの個人的な問題に対応するための施策である（島・田中・大庭，2002；大竹，2009）。

　EAP の大きな特徴は，EAP の専門スタッフが，組織の労働者の問題に対応するだけでなく，その問題を解決するために組織内の関係者や部署，あるいは医療機関などの外部の関係機関とも連携しながら問題を解決することにある。こうした EAP による取り組みが，労働者の個人的問題解決に留まらず，結果として組織の生産性に関連することから，欧米を中心に EAP を導入する組織は急速に増えている。

　本節では，労働者のメンタルヘルスを支援するための施策である EAP を理解するために，EAP が導入された歴史的背景を紹介しながら，EAP の形態とその特徴，EAP の機能としてのコア・テクノロジーについて概説していく。

（1） EAP の歴史的背景

EAP の歴史は古い。EAP は，1930年から50年代に始まり，当初はアルコール依存症対策として誕生した。米国では犯罪や事故，家庭内の問題の原因の多くがアルコール依存によると考えられ，アルコールへの対策が大きな課題となっていた。このような背景からアルコール依存症対策として EAP が認知されるようになり，その後アルコール依存症だけでなく，80年代以降は嗜癖に加えて，家庭問題，法律的問題，経済的問題等を包括するようになっていった。

我が国でも1990年代中盤からメンタルヘルスの不調者や精神障害のケースが増加し，休職者が増えていることから，メンタルヘルスに関わるリスクマネジメントとして EAP が注目されるようになった。

（2） EAP の形態と特徴

EAP は，事業所の内部に EAP スタッフが常駐し，労働者の相談を受ける「内部 EAP」と，事業所とは独立した外部の EAP 機関が電話や対面によるカウンセリング，各種対応を行う「外部 EAP」に大きく分けられる。

その他にも，組織の規模が大きく，事業所や支社等が全国に点在している場合には，組織内部に EAP を設置する形態と，地方の労働者が必要に応じて外部 EAP を利用する形態の両方を合わせた「混合型 EAP」がある（島・田中・大庭，2002）。さらには中小規模の複数の組織が共同で外部 EAP と契約する「コンソーシアム型 EAP」などもある。

① 内部 EAP

内部 EAP とは，事業所の中に EAP サービスを行う専門スタッフを常駐し，労働者の相談に対応する形態である。この専門スタッフは，労働者やその上司，人事労務担当者からの相談を受けて，さらに健康管理ス

タッフや心理カウンセラーなどからの依頼によって，当該の労働者の問題の評価，診断，助言などを行い必要に応じて短期のカウンセリングを行う（市川，2001）。

　内部EAPでは，EAP専門スタッフからの依頼によって産業医が必要に応じて医療機関や相談機関を紹介することになっている。労働者が外部機関において治療を受けた後，医療機関相談機関からの報告を受けて，産業医や事業所の人事担当者に就労条件や適正配置等に関して助言を行う。

　下記の表11-1には，内部EAPと外部EAPの特徴を示している。

　内部EAPでは，組織内に専門スタッフがいるために，企業文化の理解は非常に高い。そのため，メンタルヘルスをはじめその他の問題を抱えている労働者の問題や悩みへの理解も早く，さらには労働者を取り巻く上司や職場環境への改善についても提案しやすいメリットがある。さらには組織内部にEAP専門スタッフがいるために，管理監督者が問題

表11-1　内部EAPと外部EAPの特徴の比較（市川，2001）

	内部EAP	外部EAP
企業文化の理解度	高い	低い
マネージメント・リファー	多い	少ない
社会から見た秘密保持性	やや低い	高い
セルフ・リファー	少ない	多い
社員への浸透度	高い	低い
企業の危機管理への参加	参加しやすい（職場内暴力，セクハラ，自殺，事故など）	企業情報の保持のため部外者である外部EAPは参加しにくい
コスト	高い	低い

を抱える労働者を発見した場合には，EAP スタッフに相談しやすい（マ
ネジメント・リファー）メリットがある一方で，労働者が EAP スタッ
フを利用したことや，相談内容が，他の労働者に知られてしまわないか
の不安がつきまとう。そのため労働者が EAP 専門スタッフに対して自
発的に相談を求めること（セルフ・リファー）が少ないことがデメリッ
トである。その他，組織に EAP スタッフを雇用することから人件費の
面でコストが高く，規模の大きい組織でなければ雇用することは難しい
と言えるだろう。

② 外部 EAP

外部 EAP とは，事業所が外部の EAP サービス専門機関と直接契約
し，業務委託を行う形態である。この外部 EAP の形態は，事業所の規
模にかかわらず，EAP サービスを業務委託することができるために，
コストの面からもこの形態を利用する事業所は急速に増えている。実
際，米国においても12,000社以上の EAP サービス機関が存在し，EAP
を利用している事業所の90％が守秘義務やコスト，専門性の観点から外
部 EAP サービスを利用していることが報告されている（長見，2001）。

外部 EAP サービス機関では，事業所の労働者や管理・監督者，人事
担当者，健康管理スタッフからの相談を受けることで，評価，診断，助
言，短期カウンセリングを行う。さらに必要に応じて問題を抱える労働
者を医療機関や相談機関に紹介することになる。これと合わせて，事業
所の労働者や関係スタッフに対して EAP に関する教育，研修を行う。

表11-1に示されるように，外部 EAP の大きなメリットは，内部 EAP
に比べてコストが安いことである。また外部機関であるために EAP サー
ビスを利用する際に他の労働者に知られる可能性は低い。そのため，
労働者が自主的に相談に行きやすく秘密保持についても信頼されやす
い。

　一方で外部EAPのデメリットは，外部機関であるために，組織の文化についての理解度は低く，問題を抱える労働者の管理・監督者や人事担当者が相談を依頼しようとする（マネジメント・リファー）と，外部に機関があるために相談することが難しくなる。したがって，事業所と外部EAP機関との密接な連携が必要不可欠と言えるだろう。

引用文献

天笠崇（2008）．現代の労働とメンタルヘルス対策　かもがわ出版

Hurrell, Jr., J.J., & McLaney, M.A.（1988）．Exposure to job stress : A new psychometric instrument. *Scandinavian Journal of Work Environment & Health, 14*, 27-28.

川上憲人・堤明純（監修）（2007）．職場におけるメンタルヘルスのスペシャリストBOOK　培風館

厚生労働省（2000）．事業場における労働者の心の健康づくりのための指針　厚生労働省

厚生労働省（2006）．労働者の心の健康保持増進のための指針　厚生労働省労働基準局安全衛生部

厚生労働省（2009）．心の健康問題により休業した労働者の職場復帰支援の手引き　厚生労働省

Lazarus, R.S., & Folkman, S.（1984）．*Stress, appraisal, and coping.* New York : Springer Publishing Company.（ラザルス, R.S.・フォルクマン, S. 本明寛・春木豊・織田正美（監訳）（1991）．ストレスの心理学—認知的評価と対処の研究—実務教育出版）

長見まき子（2001）．日本における外部EAPの現状と課題　産業精神保健　9，13-18.

大竹恵子（2009）．メンタルヘルス対策としてのEAP　同志社政策科学研究　11，137-148.

大塚泰正（2017）．職場のメンタルヘルス対策の実際：1次予防，2次予防，3次予防　島津明人（編著）　産業保健心理学　pp. 66-88．ナカニシヤ出版

坂爪洋美（2007）．従業員をサポートする方法　外島裕・田中堅一郎（編著）　臨床組織心理学入門　組織と臨床への架け橋　pp. 261-285.

島悟・田中克俊・大庭さよ（2002）．産業・経済変革期の職場のストレス対策の進め方　各論1　一次予防（健康障害の発生の予防）EAP について　産業衛生学雑誌，44，50-55.

下光輝一・原谷隆史・中村賢他（2000）．職業性ストレス簡易調査票の信頼性の検討と基準値の設定　労働省平成11年度「作業関連疾患の予防に関する研究」報告書　126-138.

東京大学大学院医学研究科精神保健学・看護学分野（2001）．仕事のストレス判定図（最新版）　東京大学大学院医学研究科精神保健学・看護学分野　Retrieved from https://mental.m.u-tokyo.ac.jp/jstress/hanteizu/index.htm（2019年2月15日）

Yerkes, R.M., & Dodson, J.D.（1908）．The Relation of strength of stimulus to rapidity of habit-formation. *Journal of Comparative Neurology and Psychology*, *18*, 459-482.

参考文献

川上憲人・堤明純（監修）（2007）．職場におけるメンタルヘルスのスペシャリストBOOK　培風館（職場においてメンタルヘルスを推進していくうえで非常に参考になる一冊。学術的な視点をしっかり踏まえながら，実務に適用できるようまとめられている。）

島津明人（編著）（2017）．産業保健心理学　ナカニシヤ出版（産業保健心理学という分野について体系的にまとめられた一冊である。メンタルヘルスや EAP など，必須のテーマを専門的な視点からまとめられている。）

学習課題

1．メンタルヘルスの1次予防と2次予防の特徴と違いを述べなさい。
2．2次予防において，メンタルヘルス不調者を早期発見するための方法を述べなさい。
3．内部 EAP と外部 EAP のメリットとデメリットを述べなさい。

12 | 消費者行動とマーケティング

永野光朗

《目標＆ポイント》 現代の社会に生きる我々人間にとって消費（商品やサービスを購入，使用する過程）は欠かすことができない重要な課題である。一方で企業は商品やサービスを消費者に適切に供給するためのマーケティング活動を進めるために，消費という行為における人間の心理・行動特性を客観的に理解することを必要としている。本章ではこれらの両方の立場から消費者行動の仕組みについて考察する。

《キーワード》 購買行動，ブランド，マーケティング，態度，質的分析

1. 消費者行動とは？

　ブラックウエルら（Blackwell et al., 2001）によれば消費者行動（consumer behavior）は「経済財やサービスを獲得したり，使用したりするのに直接的に関与する個々人の行為であり，これらの行為に先行したり，規定する意思決定過程をも含むものである」と定義される。消費という行為の中で商品・サービスの購買行動が心理学的な研究の対象となっている。

　心理学的な立場から消費者の心理・行動特性を把握することは「客観的で中立的な消費者理解」を実現することになる。このことは企業にとっては消費者をターゲットとして展開されるマーケティング活動（商品の企画・立案や広告宣伝活動など）の遂行に大いに役立つであろう。同時に消費者にとっては企業戦略や悪徳商法に惑わされないための自己理

解にも役立つ。特に近年では消費者の心理的弱点につけ込んだ商法（いわゆる悪徳商法や詐欺的商法）の事例も多くみられ，消費者保護や消費者教育といったテーマは近年の消費者行動研究において非常に重要なテーマである。

2. 消費者行動を規定する心理的要因

　「人間としての消費者」がとる行動はどのような心理的要因によって規定されているのだろうか？　このことはさまざまな心理学的概念を使って説明が可能である。例えばある消費者が一着のスーツを購入するという場合を考えてみると，その過程には次のような心理学的要因が介在するだろう。

（1）動機要因

　その人がなぜその商品やサービスを買おうと思ったかという理由に関連する概念である。寒さを防ぎたいという生理的欲求に基づく動機や，高級で仕立ての良いスーツを買って他者から認められたいという承認欲求に基づく動機などが考えられる。

（2）知覚・認知的要因

　商品の内容（機能，デザインなど）や，それに関する広告をどのように知覚しどのように評価したのか，あるいは商品の価格をどのように認知し，それに対してどのような判断をしたのかということである。またスーツという製品カテゴリーやブランドについての知識，過去経験に基づく記憶や新たに得られた情報の処理，あるいは購買に際して生じるリスクの認知なども含まれる。このような知覚や認知の内容はあくまでも

主観的・心理的事実であり，客観的・物理的事実とかならずしも一致しないことが指摘されている。

（3）個人特性（パーソナリティ）要因

その消費者に特有な個人的傾向である。性別，年齢などの人口統計学的特性，ライフスタイル，価値観やパーソナリティ特性，企業（ブランド）や商品に対する態度などがあげられる。これらについては後述する。

（4）態度要因

スーツという衣服そのものに対する好き嫌いや特定ブランドへの嗜好などである。好意的態度はその対象への接近（つまり購買）へとつながり，非好意的態度はその対象の回避（つまり非購買）へとつながる（後述）。

（5）社会心理学的要因

その個人を取り巻く家族や友人からの影響や所属集団の影響や，その時点での社会の状況から受ける影響（流行など）などである。

3. 心理学の目標からみた消費者行動理解

心理学研究の目的は，実証的方法論（実験，調査，行動観察など）を用いて消費者の行動や主観的経験の「記述（description）」，「説明（explanation）」，「予測（prediction）」，そして「制御（control）」である。「記述」とは，ある状況において一定の行動をとったことをデータに基づいて書き表すことである（図12-1）。

「説明」とは，なぜそのような行動をとったのかという理由をデータ

図12-1　心理学の４つの目標

に基づいて論理的に示すことである。また「予測」とは，記述や説明の内容に基づいて，将来的にどのような行動をとるのかを示すことであり，「制御」とはそれらの内容を踏まえて，ある状況において一定の行動をとらせるということである。これらは「記述」を踏まえて「説明」を行い，それに基づいて「予測」をしたうえで，最終的目標として「制御」に到達するという階層性を有する。そしてこれらを達成するためには，各場面での行動を規定する知覚，認知的判断，主観的解釈，感情といった人間の内的要因を踏まえる必要があり，これらの内的要因も含めてトータルな形で消費者行動の理解を促進することが現代心理学に基づく消費者行動研究の目標といえる。

4．消費者行動の仕組み

　レヴィン（Lewin, 1935）は，人間行動の理解の枠組みとしてB＝f（P・E）という図式を提案した。B（Behavior）は行動，P（Person）は行動する主体である個人が持つ特性，そしてE（Environment）は個人が置かれている環境や状況を表す（図12-2）。消費者行動の文脈で述べると，この式は人間の行動は個人の特性（パーソナリティ，価値観，ライフスタイル，企業や製品に対する態度など）と，個人がそのときに置かれている状況（どのような店舗でどのような商品を買うかといったことなど）の関数として表されるということである。

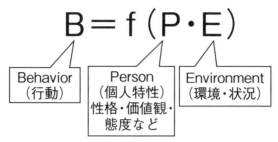

図12-2　レヴィンの図式（Lewin，1935）

　このレヴィンの図式からは，人間行動に関する2つの基本的原理を引き出すことができる。第1の原理は「同一の環境に置かれていたとしても，個人特性が異なれば，その環境下でとられる行動は異なる」というものである。第2の原理は「置かれた環境が異なれば，同じ個人特性を持つ者であってもそこでとられる行動は異なる」というものである。

　これらの原理を消費者行動に当てはめると，例えば仲の良い友人との間で持ち物を比べたら，全くタイプの異なるものばかりであったという出来事は第1の原理に該当する。また通常は慎重に買い物をする人が，何らかの状況的な要因がはたらいた（必要性に迫られたなど）ために，良くない商品を買ってしまった，という出来事は第2の原理に該当するであろう。

（1）消費者行動の理解とマーケティング戦略

　ここであらためてマーケティングの定義をすると「マーケティングとは，顧客，依頼人，パートナー，社会全体にとって価値のある提供物を創造・伝達・配達・交換するための活動であり，一連の制度，そしてプロセスである」とされている（AMA，2007）。より具体的にはマッカーシ（MaCarthy，1960）が指摘したように，マーケティングは製品

（Product），価格（Price），流通経路（Place），販売促進（Promotion）
の４つの要素から構成されている。「性能やスタイル，パッケージなど
も含めてどのようなコンセプトの製品を作り，ブランドを育成していく
かということ」（製品），「小売価格の設定，値引きや，流通業者へのリ
ベートなども含む」（価格），「卸売り，小売り，通信販売なども含めて，
どのような経路を経て消費者に商品を供給するかということ」（流通経
路），「広告や広報（パブリシティ）などによる消費者へのコミュニケー
ションや人的販売，イベントなどの狭義の販売促進も含む」（販売促進）
を組み合わせて効果的なマーケティング戦略（これらの頭文字から 4P
戦略という）を進めていくことが可能であると述べている。

　これらの構成要素のいずれについても消費者を中心にしたうえで心理
学的理解をする必要がある。「製品」については人間の基本的欲求（例
えば Maslow（1970）による生理的欲求，安全欲求，所属・愛情欲求，
承認・自尊欲求，自己実現欲求など）のメカニズムを理解したうえで消
費者ニーズを把握したり，またブランドへの態度形成の仕組みについて
理解する必要があるだろう。

　「価格」については「安さ」の感じ方への工夫（980円などのいわゆる
端数価格や割引価格の表示方法など）や品質イメージに与える「高価
格」の影響といった心理的影響について理解しなければならない。また
「流通経路」については，購入に際しての利便性の認知や，小売店の立
地や品揃えについての知覚，あるいは店舗イメージといったことが問題
になる。さらに「販売促進」については効果的な広告メッセージの方法
立案のために消費者（人間）についてのコミュニケーションのメカニズ
ムを理解しなければならない。このようなマーケティングの中で，レヴ
ィンの図式で示唆される考え方は企業が進めるマーケティング活動の基
本的な戦略と一致している。以下に具体的に説明する。

（2）市場細分化戦略

　レヴィンが指摘したP（個人特性要因）で示されるように，消費者の
タイプはきわめて多様であり，価値判断や行動の様式には個人差があ
る。このことを前提として，市場（消費者の集合体）を均質なものとし
てとらえるのではなく，それを形成している個人の特性を把握してグル
ープ分け（細分化）することで，それぞれのグループ（セグメント）の
ニーズに応じた適切な商品開発や，効果的で無駄のない広告戦略を進め
ることが可能になる。このような考え方を「市場細分化（マーケット・
セグメンテーション）」という。この戦略の立案，実施においてはター
ゲットとなる消費者を適切にグループ分け（区分）したうえで，その心
理的特性，行動的特性を理解することが何よりも重要である。消費者を
区分する手法としては性別，年齢などの人口統計学的指標に基づくデモ
グラフィック・セグメンテーションやライフ・スタイルに基づくライ
フ・スタイル・セグメンテーションなどがある。

　デモグラフィック・セグメンテーションは性別や年齢といったデモグ
ラフィック（人口統計学的）特性に基づいて消費者を区分するという伝
統的な細分化の方法である。例えば衣服は性別や年齢によって体型や嗜
好が大きく異なると仮定できるので，それぞれの性別，年代に応じた衣
服がデザインされ生産されている。またその性別，年代の消費者をター
ゲットとした広告宣伝活動がとられる。

　その一方で同一の性別・年齢集団内での価値観や嗜好の多様化が進
み，消費傾向の差違を識別する他の指標が必要になってきた。そのなか
で注目されたのが「ライフ・スタイル（life style）」という概念である。
ライフ・スタイルは人々の生活行動や事物への関心に反映されるもので
あり，消費性向や様式の差異を根本で規定する要因（つまり消費者行動
の個人差を説明する要因）として重要な概念とされている。

（3）企業（ブランド）や商品に対する好意的態度の形成

　レヴィンの図式における個人特性（P）要因の１つとしてあげられるのが，特定の企業（ブランド）や商品が好きか嫌いか，信頼できるか信頼できないか，といった消費者のとらえ方である。社会心理学的概念では「態度」として定義されるものに該当する。態度は「経験を通じて体制化された心理的あるいは神経生理的な準備状態であって，人が関わりを持つ対象に対する，その人の行動を方向づけたり変化させたりするもの（Allport, 1935）」と定義され，一定の期間で安定的に個人内に存在して，行動を強く規定する特性であると考えられる。

　企業が実施する広告は，好意的態度の形成のために消費者に向けて行われる情報発信（コミュニケーション）と位置づけられ，社会心理学研究の中で進められてきた態度変容のための情報伝達（説得的コミュニケーション）に関する研究が広告の実務において利用されている。例えば同じメッセージを利用して説得する場合でも，情報を伝える人に対して受け手が感じる信頼性が高い方が説得効果が高いというホブランド（Hovland, 1951）らの研究結果は，医薬品の広告に医師が登場するといった「専門家起用広告」の根拠となる。また恐怖喚起広告（病気の兆候を放置したために病状が進んで強い苦痛を感じる場面などを呈示したうえで，この商品を購入して使用すればそれを回避できるといった訴求をする）はJanisら（1967）の研究によって効果が検証されている。彼らの研究による示唆では，結果では通常の考えとは異なって，強すぎる恐怖は説得効果を弱める場合があり，またその商品を使用することで問題がきちんと解消できることを伝える必要があることなどが示唆されており，広告の立案・制作に対して一定の示唆を提供するものである。

（4）消費者行動への状況要因の影響

　レヴィンが指摘したＥ（環境要因）に示されるように，消費者行動は個人特性だけではなく，購買の場面などその時々の状況についても強く影響される。例えばスーパーマーケットの売り場にあるPOP広告や商品陳列の位置に影響されて商品購買に至ることは経験的に理解できるであろう。

　前述したように，従来のマーケティング活動においては，上記の個人特性要因（Ｐ）に重きを置いて，消費者をどのように区別するかということ（市場細分化）に焦点を当てた政策がとられてきたが，近年の動向としては，環境要因（Ｅ）を重視したうえで消費者の購買を引き出すための環境をどのように作るのかということに重点が置かれるようになっている。これについては心理学的研究に基づくいくつかの根拠が挙げられる。

　特に社会的影響を含む場面では，一般に考えられている以上に人間の行動が状況（環境）の影響を受けやすいといったことが実証されている（Milgram（1974）など）。この前提に立てば，購買行動を引き出すという行動の変容を目的とした場合に，個人特性（例えば企業や商品に対する好意的態度）を変えるためには多大の労力を要するが，状況を変えることにより行動を引き出すことは容易に実現できるということになる。

5．マーケティング活動と心理学的研究法

　企業が進めるマーケティング活動に心理学を活用することの意義は大きく分けて２つあると考える。１つは上記のような心理学の研究成果やそこで確立した理論や概念を使って消費者の心理と行動を適切に説明することである。

　もう1つの意義は心理学的研究法（実証的研究を進めるための方法論）をマーケティングに活用するということである。企業が商品開発や販売促進の手法を考案するために行うマーケティング・リサーチにおいては質問紙調査，個人面接，集団面接（グループ・インタビュー）といったさまざまな手法が用いられるが，これらは心理学的な方法論に含まれるものであり，その手法はより客観的で精緻なデータを収集するために活用可能であろう。

　また店舗内で行われる消費者の情報収集，商品選択行動の仕組みを解明するための研究が多く行われているが，そのためにアイカメラを使った実験的手法などが用いられたりする。また店内で買い物をする際の思考内容をすべて口頭で述べてもらい，それを記録したデータ（プロトコール・データ）を分析するといった手法（プロトコール法）や，実際の店舗内での行動を観察してそれを分析する手法（行動観察法）などが用いられるが，それらにより得られたデータは量的な（単に数量で表現できる）ものではなく質的な（性質を表す内容を含むもので数量として単純に表現できない）ものが多く，それを分析するための手法（質的分析）のために心理学的研究法を活用することができる。

6.　消費者利益への還元をめざして

　消費行為は現代社会に生きる人間にとって不可欠で死活問題であるがゆえに，消費者の心理や行動のメカニズムを理解することは，企業が進めるマーケティング活動においてだけではなく，消費者自身にとっても重要である。企業が行う営利活動は消費者の利益と相反する場合があるので，それによって消費者が何らかの損失を被る可能性が存在する。マスコミで話題になる悪徳商法はもちろんこれに該当するが，上記で述べ

たような一般的なマーケティング手法においても同様の問題を含む場合
がある。

　消費者行動研究による知見を理解することは消費者自身の消費行動を
見直し，その弱点を把握したうえでの冷静な判断を促す基盤になると考
える。このように消費者行動研究の成果は企業の利益のためだけではな
く，消費者利益の拡大を想定し，結果的には社会全体の健全な発展につ
ながるという視点は重要であると考える。

引用文献

Allport, G.W.（1935）. Attitudes. In C. Murchison（Ed）*Handbook of Social Psychol-
ogy, Worcester*, Mass : Clark University Press.

American Marketing Association（2007）. About AMA（http ://www.marketing-
power.com/AboutAMA/Pages/DefinitionofMarketing.aspx）

Blackwell, R.D., Miniard, P.W., & Engel, J.F.（2001）. *Consumer Behavior（9th ed.）*
South-Western.

Hovland, C.I., & Weiss, W.（1951）. The influence of source credibility on communi-
cation effectiveness. *Public Opinion Quarterly, 15*, 635-650.

Janis, I.L.（1967）. Effects of fear arousal on attitude change : recent developments
in theory and experimental research. In L. Berkowitz（Ed.）*Advances in experi-
mental social psychology* 3, New York & London : Academic Press, 166-224.

Maslow, A.H.（1970）. Motivation and personality (2nd. ed.). Harper & Row.（マズ
ロー, A.H.　小口忠彦（訳）（1971）. 人間性の心理学　産能大学出版部）

McCarthy, E.J.（1960）. *Basic Marketing : Managerial Approach*. Richard D. Irwin,
Inc.

Milgram, S.（1963）. Behavioral Study of Obedience. *Journal of Abnormal and
Social Psychology, 67*, 371-378.

参考文献

杉本徹雄（編著）（2012）．新・消費者理解のための心理学　福村出版（消費者行動
　に関する心理学的理解を網羅して解説している。）
田中洋・清水聰（編著）（2006）．消費者・コミュニケーション戦略　現代のマーケ
　ティング戦略④　有斐閣（マーケティングの視点から消費者理解を進めるための概念
　や方法について分かりやすく説明されている。）

学習課題

1．最近において自分自身が購買した商品・サービスを取り上げて，そ
　れがどのような心理的要因に規定されていたかを書き出して整理しな
　さい。
2．日常的に配信されているテレビ広告を取り上げて，それがどのよう
　な消費者をターゲットとし，その消費者にどのような影響を与えて購
　買に導こうとしているのかを考察しなさい。

13 | 消費者の購買意思決定過程

永野光朗

《目標＆ポイント》　我々消費者は，自身が買う商品をどのように決めているのだろうか？　たった1本のペットボトルのお茶を買う場合においても，飲み物を買おうという欲求から始まり，店舗の選択やブランドの選択といったいくつかの決定をしている。ここではこのような購買意思決定過程について心理学的な研究に基づいて理解をする。

《キーワード》　購買意思決定モデル，購買前代案評価，購買後の心理的過程，選択ヒューリスティックス

1. 購買意思決定過程とは？

　我々は毎日の生活の中でさまざまな買い物をする。ある1つの商品を買おうと思いついてから，特定のブランドの当該商品を買うに至るまでの過程を購買意思決定過程という。それは個々のケースにより異なり，さまざまな要因に規定され複雑な仕組みを持つ場合があるが，そのメカニズムをある程度は一般化して説明することは可能であると考えられ，消費者行動に関する心理学的研究の中にはそのためのモデルの構築を目的として進められてきたものが多い。以下ではこのような理論的研究に基づいて説明をする。

（1）購買意思決定過程
　消費者の購買意思決定過程を一般化して説明することは消費者行動研

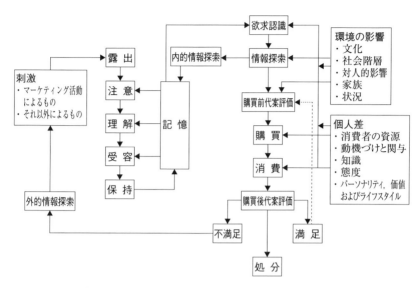

図13-1　消費者の購買意思決定モデル（Blackwell et al., 2001）

究の重要なテーマであり，多くの研究者によりこの過程を説明するための理論（モデル）が構築されてきた。ここでは最も代表的なブラックウエルら（2001）によるものを基礎にして説明を行う（図13-1）。

　このモデルでは，消費者の購買意思決定過程を，図の右上から右下にかけて示されている欲求認識→情報探索→購買前代案評価→購買→消費→購買後代案評価→処分，という段階でとらえ，さらにその過程に対する影響要因を記述している。このモデルに示されている各段階を追って，消費者の購買意思決定過程について述べてみよう。

① 欲求認識

　「寒くなったので冬用の服を買おう」とか「空腹なので食事をする必要がある」といったように，消費者がなんらかの欲求を認識する段階のことである。マズロー（Maslow, 1970）による欲求階層理論に従うと，

表13-1　マズローの欲求階層理論と商品・サービス購買との対応

欲求の種類	定義	商品・サービスの購買の例
生理的欲求	食欲，睡眠などの生命維持に関する基本的欲求	飲食物一般や睡眠用具
安全欲求	危険や恐怖を避け，安定，依存を求める欲求	防寒着，ヘルメット，生命保険
所属・愛情欲求	他者との友好・愛情関係や集団への所属を求める欲求	親しい人への贈り物や所属集団に同調した衣服
承認・自尊欲求	自己に対する高い評価や自尊心を維持したいという欲求	高級ブランドの装身具，衣服やステータスシンボルとなる所有物（外車，別荘など）
自己実現欲求	自己の成長や発展の機会を求め，自己の能力を最大限に発揮したいという欲求	自己の能力を高めるための教育サービス，能力を最大限に発揮するために必要な道具

　日常生活の中での商品やサービスの購買は表13-1に示したように説明される。このような欲求を認識し，商品やサービスを購入することで欲求を充足するという問題解決の過程が購買意思決定過程であるということができる。

②　情報探索

　問題解決のためにはまず情報が必要であり，その入手のための情報探索が行われる。情報探索は「内的情報探索」と「外的情報探索」に分けられる。前者は商品やブランドに関して消費者が内部に蓄えている情報（知識や記憶）を引き出すことである。この情報だけでは不十分な場合には外的情報探索が行われる。広告を見たり店舗に出向いたり，家族や友人を介して，新たな情報を取得することである。

③　購買前代案評価

　情報探索の結果，選択の候補となった代案（ブランド）を評価する段階である。例えば情報探索の結果，デザインは良いが着心地の悪いAという衣服と，デザインが悪いが着心地の良いBという衣服の存在が明らかになったとする。そこでそれらが消費者の欲求に基づいた選択基準（デザインを重視するのか着心地を重視するのか）により比較検討され評価される。この仕組みについては次項で説明する。

④　購買

　代案の評価に基づいて商品の銘柄，量，購入場所（店舗）などを決定し購買する段階である。

⑤　消費

　購買された商品が実際に使用される段階である。ここでは購買した商品やサービスの品質や機能が期待に一致したものかどうかの認知がなされる。

⑥　購買後代案評価

　購買した商品を使用することによりさまざまな評価が生まれる。購買後の評価が購買前の商品への期待を上回る場合には「満足」となり，下回る場合には「不満足」となる。図13-1の流れでは「満足」の場合は同一商品（銘柄）の再購買へとつながり，また「不満足」の場合には新たな商品（銘柄）の探索へとつながっている。

⑦　処分

　使用されなくなった商品は何らかの形で処分される。廃棄，リサイクル，あるいは再販売といった方法が考えられる。

　さらにこのモデルでは購買意思決定過程に影響する要因として「環境の影響」と「個人差」が指摘されている。前者は消費者がおかれている文化，社会階層，集団規範を含む対人的影響などの状況要因であり，後

$$A_j = \sum_{i=1}^{n} a_i \cdot b_{ij}$$

A_j：ブランド j に対する全体的態度（好き―嫌い）

a_i：属性 i の評価的側面（良い―悪い）

b_{ij}：ブランド j が属性 i を有することについての信念の強さ（ありそうだ―なさそうだ）

図13-2　多属性態度モデル（フィッシュバイン・モデル）の一般式
（Fishbein，1963）

者は消費者の資源（時間，財源，情報処理能力），製品やブランドに対する態度，パーソナリティ，ライフスタイルなどがある。

（2）「購買前代案評価」に関する理論（多属性態度モデル）

　上記の「購買前代案評価」を説明する研究は数多いが，ここではその仕組みを説明する１つのモデルとして「多属性態度モデル」を紹介する。このモデルは消費者が持つ態度次元（好き―嫌い）上で最も「好き」とされるブランドが最終的に購買されると仮定したうえで，態度を複数の商品属性についての評価や信念から説明しようとするものである。代表的モデルであるフィッシュバイン・モデルは図13-2に示した一般式で表される（Fishbein，1963）。

　これについて３種類の乗用車（ブランド）から１つを選んで買うという場合を想定して説明する。ある消費者が５つの商品属性に基づいて乗用車Ａ，Ｂ，Ｃから１つを選ぶ場合，各属性について評価（それが備わっていることを「良いと思う」か「悪いと思う」か）を行う。そして，それらが各機種に備わっているかの信念（「あると思う」か「ないと思う」かの主観的確率）を乗算し総計したものが全体的態度（「好き」か「嫌い」か）になる。これらの関係は表13-2に表される。

　フィッシュバイン・モデルに従うと，この消費者の乗用車Ａについて

表13-2　3種類の乗用車（ブランド）に対するある人の態度
（Fishbein（1963）に基づいて作成）

商品属性	評価（a_i）（良い＋2〜悪い－2）	各車種に対する信念（b_{ij}）（ありそうだ＋2〜なさそうだ－2）		
		乗用車A	乗用車B	乗用車C
加速性能が良いこと	＋1	＋1	＋2	－2
価格が安いこと	－1	0	＋1	－1
燃費が良いこと	＋2	＋2	0	－1
室内が広いこと	0	＋2	－1	＋2
運転操作がしやすいこと	＋1	＋2	＋2	＋1
態度（A_j）（好き―嫌い）		＋7	＋3	－2

の態度得点（A_j）は（＋1）×（＋1）＋（－1）×0＋（＋2）×（＋2）＋0×（＋2）＋（＋1）×（＋2）＝＋7であり，同様に計算すると乗用車Bは＋3，また乗用車Cは－2となる。この数式で得られた指標は乗用車Aについて＋7で最も高い。すなわち，乗用車Aに対して最も好意的な態度を持っている。したがってこれらの3つの中では乗用車Aが購入される可能性が高いと言える。

（3）選択ヒューリスティックス

　上記の多属性態度モデルは消費者が商品選択に必要な情報に基づき客観的かつ正確に判断するという前提で考案されたものである。しかし消費者は一日に数え切れないほどの商品を購入する場合があり，現実の購買場面でこのような算盤をはじいたような合理的な意思決定をすべてにおいて行っているとは考えにくい。ベットマン（Bettman, 1979）はこのような場合に用いられる簡便な方法（選択ヒューリスティックス）と

して以下のようなものをあげている。

① 態度参照型（affect referral）

　その人の過去の購買・使用経験からみて最も好意的な態度を持つブランドを選ぶやり方である。ブランド・ロイヤルティの高い消費者がお気に入りのブランドを選ぶといった場合がこれに当てはまる。

② 加算差型（additive difference）

　任意の一対の選択について，商品属性ごとに評価値の差に着目して比較を行うというものである。

③ 連結型（conjunctive）

　商品属性に対しそれぞれ「必要条件」を設定し，あるブランドの中で1つでもそれを満たさないものがあれば，そのブランドは他の水準がいかに高くても拒絶されるというものである。

④ 分離型（disjunctive）

　連結型とは逆に，商品属性について「十分条件」を設定し，あるブランドの属性の中で1つでも条件を満たせば，そのブランドは他の属性評価とは関係なく選択されるというものである。

⑤ 辞書編集型（lexicographic）

　その消費者が重要だと考える順番に各ブランドを比較するというやり方で，まず最も重要とみなされる商品属性について比較が行われ，そこで選択するブランドが決定できなければ，さらに次に重要な商品属性について同様のことが繰り返されるというものである。

（4）購買後の心理的過程

　次に購買後代案評価の仕組みについて説明する理論を紹介する。消費者が商品やサービスを購入，使用したあとには満足・不満足の感情が生じたり，その性能や機能について何らかの評価を行う。ここではその仕

組みを説明するためにフェスティンガー（Festinger, 1957）による
「認知的不協和理論」を紹介する。例えば体に悪いことを十分に承知し
ながら糖分の高い食事を取り続けているといった矛盾した状況は，個人
の認知の中で不整合（認知的不協和）を生み出す。それは不快感をもた
らすので，前もって認知的不協和を生じさせないための行動をとるか，
もし生じた場合にはそれを解消する方向に人間の意識や行動が展開して
いくことが指摘されている。

　この人が糖分と病気との因果関係を指摘した新聞記事を読んだ場合，
①自分と同様の食生活でも元気な人はたくさんいるので記事は信用でき
ないと考える，②「病気になっても特効薬があるから大丈夫」といった
別の情報を付加して記事を無視する，③その記事を受け入れて食習慣を
変える，といったやり方で認知的不協和を解消するだろう。

　認知的不協和理論は，消費者の心理や行動にも適用することができ
る。エールリッヒら（Ehrlich et al., 1957）は，新たに自動車を買った
人々と，以前に購入した古い車を持っている人々に面接調査をし，最近
において新たに自動車を買った人々は，自分が買った車の広告を多く読
む傾向があるとした。

　彼らはこの結果について認知的不協和理論を用いて説明を試みてい
る。例えば高価な新車を買うという重大な意思決定を行ったあとには，
自分の決定がベストではなかったという認知的不協和が生じやすい。し
かし買ったばかりの新車を買い換えるわけにはいかないので，この不協
和を解消するためには，自分の選択は正しかったという確信を強める必
要が生じる。そのために自分が買った車の長所だけが掲載されている広
告を繰り返し読むという説明である。

　消費者のさまざまな行動は，不協和の生起を予測して，それを回避で
きる手段を用いたり，不本意にも生じてしまった不協和を解消する方向

で進展していく。有名ブランドの商品の購入は，商品自体に不満があっても「有名なブランドなのだから」という理由で納得できることや，長い行列に1時間待って人気のランチを食べた場合，それがおいしくないとすれば「長い時間を待ったのにまずいものしか食べられなかった」という認知的不協和を感じるので，その食事がおいしかったというプラスの方向にバイアス（歪み）が生じる可能性がある。またしばしば用いられる「期間限定」の表記は「いま買っておかないと後悔する」という思いを強めて購買を引き出すかもしれない。

2. 購買意思決定の類型

　上記のブラックウエルによるモデルは一般的な購買意思決定過程を表したものであるが，実際には自動車を購入する場合とペットボトル入りの飲料を1本買う場合とでは大きく異なるし，製品の社会の中での位置づけなどによっても大きく異なる可能性がある。ここではそのような商品による異なった購買パタンを説明する理論を紹介する。

（1）購買意思決定と関与

　アサエル（Assael, 2004）は製品の類型によって消費者の購買行動が異なるとし，「関与（involvement）」という概念を取り入れたうえで製品を4つに類型化している。関与は「ある対象，事象，活動に対して消費者が知覚する重要性や関連性」と定義される（Peter & Olsen, 2010）。アサエルは「関与水準（消費者が製品に対して持つ重要性や，こだわり，思い入れの強さ）」と「ブランド間の知覚差異（消費者がそのカテゴリー内のブランドの違いを知覚できる程度）」という2つの次元を設定した。それらの高低を組み合わせて消費者の購買行動を4つに

表13-3　**製品の4つのタイプとそれに対応した購買行動の類型**
（Assael, 2004）

	ブランド間の知覚差異大	ブランド間の知覚差異小
高関与	複雑な購買行動	不協和低減型購買行動
低関与	バラエティ・シーキング型購買行動	習慣的購買行動

分類している（表13-3）。

① **複雑な購買行動**

　関与水準が高くブランド間の知覚差異が大きい場合に消費者は複雑な
購買行動をとる。例えば乗用車のような製品を購入するときがこれに該
当する。このような場合，消費者はまずいろいろなブランドに関する情
報を収集することによって購買の候補となるブランドの特徴を把握す
る。それらに基づき各ブランドに対する評価を行い，最終的に購買する
ブランドを決定することになる。

② **不協和低減型購買行動**

　関与水準が高くブランド間の知覚差異が小さいときには消費者は不協
和低減型の購買行動をとる。例えば冷蔵庫は高価格で毎日使用するた
め，高い関与度を持つがブランド間の差は感じにくい。このような製品
では自分の選択が正しいという確信を持つことが難しく購買後に認知的
不協和を覚える可能性がある。このため購買後の不協和の生起を回避で
きる行動がとられやすくなる。一流メーカーで評判の良い製品であれば
安心といった考えが選択の基準となるだろう。

③ **バラエティ・シーキング型購買行動**

　関与水準が低いがブランド間の知覚差異が大きい場合，消費者は「い
ろいろな商品を買ってみて試す」というバラエティ・シーキング型の購
買行動をとる。例えばスナック菓子のような製品を購入するとき，消費

者の関与水準は低いが，ブランド間の知覚差異は大きい。この場合には
いろいろな味を試してみるために買う度に他のブランドに乗り換えると
いう購買行動が起こりやすい。

④　習慣的購買行動

　関与水準が低くブランド間の知覚差異が小さい場合には消費者は習慣
的な購買行動をとる。例えばティッシュペーパーなどの製品を購入する
とき，多くの消費者の関与水準は低く，かつブランド間の知覚差異は小
さいだろう。このような場合に消費者はあまり深い情報処理を行うこと
がなく，普段から購入しているブランドを習慣的に購買するという買い
方がとられることになる。

（2）製品ライフサイクルによる分類

　購買行動の類型に関する別の理論を紹介する。これはハワードとシェ
ス（Howard & Sheth, 1969）が提案した購買意思決定の状況に基づく
類型論である。

　新しい製品が開発されて市場に導入され成長していき，多くの人々に
利用され成熟期を迎え，やがてそれは使われなくなり衰退していくが，
このような製品の一生を「製品ライフサイクル」と定義したうえで，そ
の段階に対応して購買の仕方が異なるというのがハワードの理論であ
る。購買意思決定の状況（製品の市場への浸透状況または製品ライフサ
イクルにおける位置づけ）という視点から以下のような3つの様式を類
型化した。

①　習慣的反応行動（Routined Problem Solving：RPS）

　まず習慣的反応行動は慣れている商品や決まり切ったブランドを購入
する場合の意思決定のやり方である。商品の成熟期以降に対応した購買
のタイプで，A社ブランドの調味料を買い続けていて，それがなくなる

と店頭に行ってまた同じものを買うというやり方である。商品属性に関するものなど，あらたな情報を収集する必要はほとんどなく意思決定ははやい。

② 限定的問題解決（Limited Problem Solving：LPS）

　製品について一応の知識があり，ブランドを選ぶ場合の選択基準は確立されているが，各ブランドの特性を知らない場合である。冷蔵庫を評価する場合には，冷蔵庫についての概念的枠組みの中で，そのブランドについての特徴を知り，他のブランドと比較して評価する必要がある。このような場合，かなりの情報を必要とする。特に製品の成長期に対応している。いろいろなメーカーが市場に参入してきて，各メーカーが差別化を懸命に行おうとしている中で消費者が選んでいるという状況である。

③ 広範的問題解決（Extensive Problem Solving：EPS）

　製品についての概念が明確でなく，どのような属性を基準にしてブランドの比較をしてよいかが分からない．全く新しい種類の製品（例えばタブレット型情報端末やスマートフォンなど）が発売された場合の購買意思決定過程である。製品の概念形成から出発するものであり，意思決定のためには大量の情報や時間を必要とし，意思決定はかなり複雑なものである。これは製品の導入期に相当する。

引用文献

Assael, H.（2004）. *Consumer behavior : A strategic approach.* Houghton Mifflin.

Bettman, J.（1979）. *An information processing theory of consumer choice.* Addison-Wesley.

Blackwell, R.D., Miniard, P.W., & Engel, J.F.（2001）. *Consumer Behavior（9th ed.）* South-Western.

Ehrlich, D., Guttman, I., Schonbach, P., & Mills, J.（1957）Postdecision Exposure to Relevant Information. *Journal of Abnormal and Social Psychology, 54,* 98-102.

Festinger, L.（1957）. *A theory of Cognitive Dissonance.* Raw, Peterson.

Fishbein, M.（1963）. An investigation of the relationships between beliefs about an object and the attitude toward that object. *Human Relations, 16,* 233-240.

Howard, J.A., & Sheth, J.N.（1969）. The Theory of Buyer Behavior. Wiley & Sons.

Maslow, A.H.（1970）. *Motivation and personality（2nd.ed.）.* Harper & Row.（マズロー, A.H. 小口忠彦（訳）（1971）. 人間性の心理学 産能大学出版部）

Peter, J.P., & Olson, J.C.（2010）. *Consumer behavior and marketing strategy.* Mcgraw-Hill.

参考文献

須永努（2010）. 消費者の購買意思決定プロセス―環境変化への適応と動態性の解明― 青山社（消費者の購買意思決定過程に関するさまざまな研究を網羅して紹介している。）

竹村和久（編著）（2018）. 選好形成と意思決定 フロンティア実験社会科学5 勁草書房（商品購買などの人間の意思決定について最新の理論や実証的研究を数多く紹介している。）

学習課題

1．特定のカテゴリー（例えば乗用車）に含まれる3つの商品について
　カタログなどにより情報を入手し，フィッシュバインの多属性態度モ
　デルに基づいた表（表13−2参照）を作成しなさい。
2．過去にあなたが行った高額商品の購買経験を思い出して，購買後に
　「認知的不協和の解消」で説明できるような意識や行動がみられなか
　ったか考察しなさい。

14 | 消費者の購買意思決定における非合理性

永野光朗

《目標＆ポイント》　我々消費者は商品を買うときに合理性に基づいて正確に選択しているのだろうか？　商品の選択は個人の主観的判断に基づいているが，人間の認知や判断にはさまざまバイアス（歪み）が存在し，結果的に客観的で正しい選択を歪める場合が多くあることが近年の社会心理学的研究や行動経済学的研究で明らかになってきた。そのような消費者の「非合理性」について考察をする。
《キーワード》　購買意思決定，非合理性，行動経済学，心理的財布，認知的バイアス

1. 人間の認知判断における非合理性

　第13章で取り上げた「多属性態度モデル」は商品についての情報をきちんと収集し，それに基づいて客観的かつ合理的に評価を行うプロセスを説明したものである。高額の商品を購入する場合にはこれに準じた意思決定を行う場合があるとしても，日常的に購入する多数の商品について，このような時間と労力がかかる作業をすることは現実的ではない。そこで第13章で説明をした「選択ヒューリスティックス」のような簡便な決定方法が頻繁に利用されるが，それらは直観的判断に基づくものであり，労力は省けるとしても非合理的で結果的に誤った意思決定になることも多い。人間は消費の場面に限らず，このような非合理的な意思決定を日常的に行っているが，ここではいくつかの理論に基づいて解説を

する。

（1）商品評価における主観性

　消費者が商品を評価する場合の仕組みについて「消費の外部性」という経済学の概念から考えてみる。この言葉の意味は，消費者が商品を買う場合に，商品が持っている実質的な品質や性能（これは「内部性」に相当する）だけを評価するのではなく，商品の外側にある付随的価値を見積もって代価を支払っているということである。例えば高級ブランドの装飾品に高額の出費をすることがその典型である。この場合，物理的実体としての商品だけではなく，それ以外の内容（高級なイメージとか，自分自身のプライドを高めるといったこと）に代価を支払っているといえる。また「希少価値（少数の人しか持っていない）」に惹かれたり（「スノッブ効果」という），その逆に「流行商品」なので自分も買うべきと考えること（「バンドワゴン効果」という）も「外部性」に相当する（Leibenstein, H., 1950）。

　日常的な消費者の商品選択は，このような外部性に強く影響されており，消費者の主観的評価に基づくために非合理性が生じやすい。物理的実体を伴わない「サービス」を購入する場合はもちろんのこと，装飾品，食品，家電製品といった物理的実体を伴った「モノ」としての商品も該当するであろう。このような外部性の影響力は社会が豊かになるほど強くなることが指摘されており，また商品の選択肢が多くなり，その機能も複雑化している状況や，SNSやインターネットを通じて多量の情報が伝達されることなどもあり，消費者が外部性に影響されて非合理的な購買意思決定を行う可能性が高まっているといえるだろう。

（2）人間の認知的バイアス

　人間の認知判断にはさまざまなバイアス（歪み）が見られることが指摘されており，これが結果的に非合理的な判断を生み出すことになる。例えば第13章で述べた「認知的不協和」という心理的メカニズムや「限定」という言葉による商品評価への影響は，結果的にバイアスを生み出す原因になる。社会心理学研究の中ではこのようなバイアスやそれを引きおこすメカニズムに関する概念が多く提唱されている。特に購買行動に関連するものをいくつか紹介する。

① 　確証バイアス（confirmation bias）

　あらかじめ持っている自分の信念や価値観を肯定するために，それに合致する情報だけを探そうとする傾向のことである。例えば長年使い続けているブランドについて否定的な口コミがあったとしても，それを無視して，当該ブランドを肯定する口コミだけに着目するといった場合である。またある商品について「これが欲しい」といったん思い込むと，事後にその商品のネガティブな情報が入ったとしてもそれをすべて無視してしまうということもこれに該当する例である。

② 　アンカリング効果（anchoring effect）

　全く同一の数値が提示された場合でも，事前に別の情報が伝えられていると，それが判断基準（アンカー）となって作用することで異なった判断が生じるということである。例えば「本日特価10,000円」とのみ表示する場合と「平日価格20,000円→本日特価10,000円」と表示する場合を比べると後者の表示は20,000円が判断基準として作用するのでより安い価格であるという印象が形成される。

③ 　正常性バイアス（normalcy bias）

　客観的判断に従うと明らかに異常で，それが自身に危険を及ぼすような状況が出現しても「自分だけは大丈夫である」，「このようなことは自

分に起こるはずがない」と信じ込み，危険な状況を認知できないことである。正常性バイアスは災害時の避難行動を妨げる要因とされるが，消費者行動においても「身体に危険な欠陥商品が売られているはずがない」という思いや，「自分が人に騙されるはずはない」という思い込みが結果的に自身に損害を与えることも起こり得る。

④　利用可能性ヒューリスティックス（availability heuristics）

　ある事象が出現する頻度や確率を判断するときに，その事象が生じたと容易に分かる事例を思い出し，それに基づいて判断をするということで，しばしば人間が用いるヒューリスティックスである。これによってバイアスが生じることがある。例えば日本における離婚率を推定するとき，自分の身近で離婚した人が想起されると高く推定し，そのような例が想起されなければ低く推定される。

　利用可能性が高くなる原因として「再生のしやすさ」（頻繁にテレビCMを放映している会社の商品や，多くの店舗で売られている商品は思い出しやすいので人気が高いと評価される可能性が高い）や，「イメージの鮮明さ」（たまたまある会社が販売した商品が欠陥商品であったことをマスコミが繰り返し報道すると，その企業についてネガティブなイメージが形成され，販売した商品や企業活動のすべてがネガティブに評価されるといったこと）などが指摘される。

⑤　ネガティビティ・バイアス（negativity bias）

　対人認知に関連して提唱される概念である。他者に関して，ポジティブな特性とネガティブな特性とが示された場合に，ネガティブな特性の方により注目し，そちらの方に重みがかかった印象を形成する。人間はどうしても人の悪い面に注目してしまい，それに影響をされがちであるということである。マスコミが取り上げる記事なども悪い評価の方が注目されやすく，消費者の商品選択においてもこのような仕組みが働く場

合がある。長年にわたって信頼を築いてきたチェーン店に勤務する店員が接客場面で不祥事を起こしたことがSNSで拡散され，マスコミで大々的に報道されたために，一夜にして信用を失墜させる例などはこれにあたる。このような効果が生じるのは，我々は自分たちが住んでいる世界が良いところで，またそのことが正しく当然のことであり，世の中には善良な人が多いという楽天的な考えを持っているために，それに反するネガティブな事象のインパクトが強くなり注意が向きやすいというのが理由とされる。

⑥　ハロー効果（hallo effect）

　これも対人認知の文脈で提唱される概念であり「光背効果」や「後光効果」とも言われる。ひとつの特性において優れている人を見ると，その人はそれ以外での面でも好ましい特性を持っていると考えてしまいやすい。例えば容姿（外見）が整った人を見て，その人の人柄（内面）を推定させた場合に，容姿が整っているので良い人柄の人物だと感じる傾向がある。身体的魅力と人柄とは客観的事実としては独立（無関係）であるが，それらが認知的に一貫しない場合は不協和をもたらす。この場合，人柄の印象はあいまいで不確定であるが，身体的評価は明確なので，結果的にそちらの方に引きずられて影響を受ける場合が多い。企業活動の例を挙げると，特定の業種で長年にわたって信頼を築いてきた企業が他分野に進出をして，従来は作っていなかった商品を生産し販売する場合には，その商品に対する評価は高く見積もられるかもしれない。

2. 「購買意思決定における非合理性」を説明する理論

（1）行動経済学

　従来から消費に関わる人間の行動を取り扱ってきた分野は経済学であ

る。経済自体はお金とか商品の動きを扱う学問であるが，それは消費主体である人間の行動とか心の動きを反映したものであり，経済学も心理学と同様に人間を扱う学問ということができる。

　経済学における人間のとらえ方として，ホモ・エコノミクス（homo economicus）という概念がある。これは旧来からの伝統的経済学の中で使われてきた概念である。人間は自己の利益を最大限に考え，そのために常に合理的かつ冷静な判断で一貫した行動を行う「合理的経済人」としての人間のモデルであり，どのような場合でも人間はソロバンをはじいて，金勘定をしっかりとやっているという前提で，お金の流れを取り扱う考え方といえる。しかし日頃の消費行動を顧みたときに，この前提をきっちり守っていると言い切れるであろうか？

　このような疑問を前提にして展開されたのが，行動経済学である。それはカーネマンとトベルスキーによって提唱された「プロスペクト理論」を起源としている（Kahneman & Tversky, 1979）。特に消費に関わる場面において，人間がつねに合理的，冷静判断を行うわけではなく，「主観的で非合理的で感情に左右される消費者」を前提とした経済学モデルを構築した。これが「行動経済学」である。経済の実態は人間の行動を反映したものであるという考え方を基本において，人間の行動特性，心理特性を前提にしたうえで経済学という学問を作り上げていくという立場を主張した。このような行動経済学の考え方は昨今の消費者行動研究に非常に強い影響力を持っている。

　行動経済学において提唱される概念として「フレーミング効果」がある。これは提示される情報の絶対量が同じであっても，その問題認識の心理的な構成，すなわち決定フレーム（判断や決定に用いる枠組み）によって結果が異なる場合があるということである。このような現象は「フレーミング効果」によるものと考えられる。

例えば「定価から1,000円引き！」という文言があるとした場合に，定価が10,000円である場合と5,000円である場合では，後者の方をより安く感じる。自身にとっての利得を客観的に見た場合には同一であるが，主観的には大きく異なることが指摘できる。

利得と支出のとらえ方がどのように表現されるかで消費者の感じ方が異なることも指摘されている。絶対量としての金額が同じであっても利得よりも損失について人間は敏感に反応する傾向があることが行動経済学では指摘されている。例えば値引きの表記方法として「いま買うと1,000円お得です！」という表現よりも「いま買わないと1,000円損をします！」という表現の方が消費者にインパクトを与えるとされる。

（2）チャルディーニ（Cialdini）の理論

特に店頭において消費者に対して店員が消費者に購買に向けて働きかける場面や，企業が発信した広告による情報伝達を含めた影響を説得と定義したうえで，その仕組みを支配している心理的メカニズムをチャルディーニ（Cialdini, 2009）が理論化している。彼は説得に際してはたらく6つの心理的要因を挙げている。

① 返報性（reciprocation）

他者が自分に恩恵を与えてくれた場合に自分も同様の恩恵を他者に与えなければならないと考える社会規範による影響力のことである。店頭での景品の配布や試食の提供を受けた場合に「商品を買わなければ相手に悪い」と思う気持ちから購買が引きおこされるといった事例も当てはまるだろう。

② コミットメントと一貫性（commitment and consistency）

いったん他者に対して表明した意見を変えようとしない，またそれに類似した行動を一貫してとろうとする傾向である。例えばアンケートへ

の協力や少額の商品購入をさせたうえで高額商品の購入をすすめるといった販売方法はこの要因に基づいている。

③　社会的証明（social proof）

　ある事物について社会一般の人々がどのように考えているかに基づいて自身の態度を決定することである。消費者が行う商品やサービスの評価はこの要因に影響されていることが多い。例えば健康食品の通信販売などで「使用経験者」による効能の報告を広告の中で取り入れる事例がこれに該当する。

④　好意（liking）

　自身が好意を持つ人物や，身体的魅力が高く好感度が高い人物の意見は正しいと信じてそれに従う傾向が強いということである。知人・友人関係のネットワークを利用した商品販売方法や，好感度の高いタレントを利用したテレビ広告や身体的魅力度の高い販売員などがこれに該当する。

⑤　権威（authority）

　科学者，政治家など，権威のある人々からの意見に影響されやすいということである。著名な医師や研究者が効能を推奨する薬品や健康食品のCMはこれによる効果を想定したものといえる。

⑥　希少性（scarcity）

　数が少なく入手困難な事物に対しては価値を感じ，また入手が困難であることが購入のモチベーションを強める傾向のことである。

　この理論は実際の販売促進活動においてさまざまな場面で活用をされている（表14-1）。

　これらはいずれも商品が持つ内部性（実質的な品質，性能）の客観的評価に基づく冷静で論理性に保証された判断を抑制し，結果的に直観的で非論理的な判断を引き出す要因といえる。

214

表14-1　説得の効果を規定する心理的要因と広告や販売場面での応用例
（Cialdini（2009）に基づいて作成）

心理的要因	説明	広告や販売場面での応用例
返報性	他者が自分にメリットとなるような行為をとってくれた場合に自分も同様の行為を他者に与えなければならないと考える。	「馴染みのお客様への感謝」と銘打った値引きや景品の配布。
コミットメントと一貫性	いったん他者に対して表明した意見を変えようとしない。また類似した行動を一貫してとろうとする。	街頭でのキャッチセールスで，はじめに「アンケートへの依頼」をする。
社会的証明	ある事物について他者（社会一般の人々）がどのように考えているかに基づいて自身の態度を決定する。	薬品や健康食品の通信販売などでの「使用経験者」による効能の報告。
好意	自身が好意を持つ人物や，身体的魅力が高く好感度が高い人物の意見は正しいと信じてそれに従う傾向が強い。	知人・友人関係のネットワークを利用した商品販売。
権威	専門家や科学者，政治家など，権威のある人々からの意見に影響されやすい。	医師や研究者が効能を推奨する薬品や健康食品の CM。
希少性	希少で入手困難な事物に対しては価値を感じ，また心理的リアクタンスが生じることで入手の欲求が高まる。	「期間限定」や「数量限定」を強調した商品販売（いわゆる限定商法）。

（3）心理的財布理論

　同じ 1 万円の出費が購買品目，購買目的，購買場面などによって異なった満足感や痛みを感じさせる場合がある。このような経験的事実を合

表14-2　心理的財布の因子分析結果（小嶋ら，1983）

因子名（心理的財布）	含まれる商品・サービスの例
ポケットマネー因子	目薬　週刊誌　チューインガム　チョコレート
生活必需品因子	冷蔵庫　洋服ダンス　洗濯機　ハンドバッグ
財産因子	分譲土地　分譲マンション　別荘用土地
文化・教養因子	絵・彫刻の展覧会　音楽会　観劇　映画鑑賞
外食因子	友人との外食　買い物先・勤務先での外食
生活水準引き上げ因子	電子レンジ　ルームクーラー　百科事典
生活保障・安心因子	保険料　ヘアセット代　お歳暮
ちょっとぜいたく因子	自動食器洗い機　ビデオレコーダー　乗用車
女性用品因子	ペンダント　ブローチ　外出用のワンピース

理的に説明するために小嶋（1959）は「心理的財布理論」を提唱した。
この理論では消費者が購入する商品やサービスの価値を，それを入手し
たり利用したりした際の「心理的満足感」や，出費による「心理的痛
み」という側面でとらえた。そのうえで価値の大きさはかならずしも支
払った金額に規定されて一義的に決まるとは限らず，買ったものの種類
や，それが買われた状況に応じて相対的に変化する場合があると考え，
このような経験的事実を「心理的財布」という概念を用いて以下のよう
に説明している。

　我々は通常1つの財布（物理的財布）を持ち歩いているが，購入商
品・サービスの種類や，それを買うときの状況に応じて別々の異なった
財布（心理的財布）から支払っていると考える。これらの心理的財布
は，それぞれが独自の異なった価値尺度を持っているので，同じ金額を
出費した場合でも，出所の財布が異なれば得られる満足感や心理的な痛
みも異なることになる。

　消費者が潜在的に所有している心理的財布の種類を明らかにするため
に小嶋ら（1983）は，質問紙により各種の商品について「購入に伴う痛

みをどれくらい感じるか？」をたずね，その結果を因子分析にかけて表14-2に示すような9つの因子を抽出した。これらの因子は一般に消費者が持つ心理的財布に対応していると考えられる。

人間が持つ特有の主観性が判断や行動を規定しているという心理的財布理論の視点は前述の行動経済学と類似しており，「財布」という具体的な概念を使い一般化することで人間の判断における主観的な特性を一般化し分かりやすく説明したものといえる。

3.　消費者利益への影響

消費行為は現代社会に生きる人間にとって不可欠で死活問題であるがゆえに，消費者の心理や行動のメカニズムを理解することは，企業がすすめるマーケティング活動においてだけではなく，消費者自身にとっても重要である。企業が行う営利活動は消費者の利益と相反するので，それによって消費者が何らかの損失を被る可能性が存在する。マスコミで話題になる悪徳商法はもちろんこれに該当するが，一般的なマーケティング手法においても同様の問題を含む場合がある。

例えば希少性を高めるための表現（期間限定，数量限定など）は，購買者自身による商品の品質評価を攪乱し，結果的に消費者の不利益を生み出す可能性が十分にある。最近ある組織が根拠のないまま「期間限定」を強調した広告を掲載し，景品表示法に違反する行為として認定された。これに起因して，関連する要件も勘案され，最終的にこの組織は業務停止処分を受けるという事例が生じたが，これはまさにこのような手法が消費者利益に反することを明確にしたという点で重要と考える。

このことは消費者保護の重視という社会全体の当然の流れであると同時に，学問的な展開とも無縁ではない。従来であれば「言葉に影響を受

けてだまされてしまう」ことは個人の能力の欠落であると判断されたことが，行動経済学や脳科学などの展開により「誤った認知判断をとることは人間の本性である」という考え方に移行しており，そこにつけ込んだ商法はまさに人間性につけ込むという意味で悪であるという判断の根拠になったと考える。消費者行動研究の成果は企業の利益のためだけではなく，消費者利益の拡大を想定し，結果的には社会全体の健全な発展に貢献するという視点は重要である。

　菊池（2007）は，特に消費者に不利益をもたらす悪質商法について，①商品情報自体を偽装して，不当に情報をコントロールすることと，②消費者側の心理をコントロールして購入や契約へ追い込む，という2つの特徴がみられることを指摘し，これらに対抗するためには消費者自身が「クリティカル・シンキング（批判的思考）」を身につけて実践することが重要であると述べている。クリティカル・シンキングとは「主張を無批判に受け入れるのではなく，その根拠を批判的に吟味し，論理的に意思決定を行うことを目指した一連の思考技術と態度のこと」としているが，このための知識や認知判断のスキルを個々の消費者に付与することも心理学研究の重要な役割であることを強調しておきたい。

引用文献

Cialdini, R.B.（2009）. *Influence : science and practice（5th ed.）*（社会行動研究会（訳）（2014）. 影響力の武器（第3版）―なぜ人は動かされるのか　誠信書房）

Kahneman, D., & Tversky, A.（1979）. *Prospect theory : An analysis of decision under risk*. Econometrica, *47*, pp. 263–291.

菊池聡（2007）. 問題商法とクリティカルシンキング　子安増生・西村和雄（編）経済心理学のすすめ　有斐閣

小嶋外弘（1959）．消費者心理の研究　日本生産性本部

小嶋外弘・赤松潤・濱保久（1983）．心理的財布—その理論と実証　DIAMOND ハーバードビジネス，*8*，19-28.

Leibenstein, H.（1950）．Bandwagon, Snob, and Veblen Effects in the Theory of Consumer's Demand. *Quarterly Journal of Economics 64*, 183-207.

参考文献

新倉貴士（2005）．消費者の認知世界—ブランドマーケティング・パースペクティブ—　千倉書房（消費者のブランド選択について消費者の認知という視点から多くの先行研究を紹介し考察している。）

竹村和久（2015）．経済心理学　行動経済学の心理的基礎　培風館（消費者行動について行動経済学を基礎にした解説を行っている。）

学習課題

1．いま放映されている特定のテレビ CM に着目して，その文言や表現の中にチャルディーニが指摘した6つの心理的要因がどのように組み込まれているかを考えて文章化しなさい。
2．街角で見かける販売方法や広告の表現方法の中に消費者の誤認（非合理的な認知判断）を引きおこす事例がないかを探し出し，何がどのような誤認を引き出しているのかを具体的かつ論理的に考察しなさい。

15 | 産業・組織心理学の実践と応用

山口裕幸

《**目標＆ポイント**》 本章では，産業活動の現場で発生している具体的な問題を取り上げながら，その対応の動向について，産業・組織心理学の研究知見を踏まえながら説明していく。さらに，将来的に産業や組織経営の現場において課題となる事柄について整理しながら，産業・組織心理学の研究をどのように実践し，その成果を，より安全に安心して，生き生きと働くことのできる産業現場と組織の構築に生かしていくことができるか論じていく。

《**キーワード**》 ワーク・ライフ・バランス，働き方改革，女性の就労，組織の社会的責任（CSR），コンプライアンス，少子高齢化，多様性社会，世代間継承，ソサエティ5.0（Society5.0）

1. 産業現場，組織現場に横たわる問題と 産業・組織心理学

（1）ワーク・ライフ・バランスと働き方改革

① 長時間労働の弊害とそこからの脱却

「働き方改革関連法案」が2019年4月1日より施行された。その改革の中核は長時間労働の削減であり，国際的な関心も多く集める大規模な改革である。残業時間の上限規制（罰則付き）を基軸に，有給休暇取得の義務化，フレックスタイム適用期間の拡大，勤務時間インターバル制度を加味したものとなっている。

過労死や燃え尽き症候群など，働き過ぎがもたらす弊害は長きにわた

って問題視され，研究報告もなされてきた（Kanai, 2009；熊谷, 2018）。職務ストレスが強くなるほど心身の健康に害が及ぶことは当然の帰結と言っても良い。しかし，死に至るほどの深刻な問題が報告されているのは日本の特徴である。どのくらい日本人は働き過ぎているのだろうか。

　労働政策研究・研修機構発行の「2018データブック国際労働比較」に報告されているデータ（pp. 203〜210）に基づけば，1980年時点で日本の一人当たり平均年間実労働時間は2,000時間を超えていた。その時点でアメリカ・イギリス・フランス・ドイツ・スウェーデンは1,800時間前後と少なく，大きな差があった。しかし，日本も1990年を境に減少に転じ，近年は上記の国々とほぼ同じ水準になってきている。2016年時点では，アメリカが1,783時間なのに対して，日本は1,713時間とむしろ少なくなっている。

　ところが，長時間労働（週の労働時間が49時間以上のケース）の割合に関しては，日本の男性の場合，28.6％となっていて，10〜15％程度に収まっている他の国々と比較して明瞭に多く，違いを見せている。年間の休日数や平均週労働時間は，他国とほぼ同じ水準でありながら，長時間労働の割合が多いところに，日本の働き方の問題の特徴があると言えるだろう。「サービス残業」という言葉が巷で聞かれたように，実際には残業していても，それを報告しないケースも多くあると推察され，統計データ以上に労働者の勤務実態は厳しいことがうかがわれる。

　心身共に健全に仕事に取り組むためには，仕事とプライベートな生活のバランス，すなわちワーク・ライフ・バランスが良好に保たれていることが大事なことは改めて指摘するまでもない。しかし，働くことを大事にするあまり，プライベートな生活を犠牲にする傾向は，なかなか改善されないのが現状である。併せて，少子高齢化の影響もあって，多く

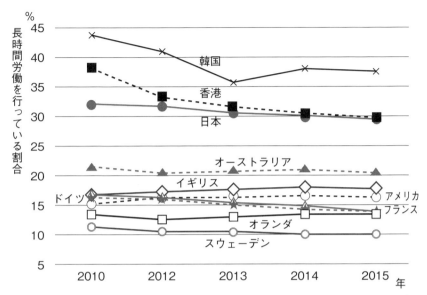

図15-1　男性就労者の長時間労働（週の労働時間が49時間以上のケース）の割合の国際比較（労働政策研究・研修機構発行の「2018データブック国際労働比較」p. 209 のデータを抜粋して著者が作成。2011年分のデータは示されていない。）

の組織で慢性的な人員不足が見られるにもかかわらず，組織全体で遂行すべき仕事の量は減らないばかりか増える傾向にあるために，一人ひとりの働く時間を増やさざるを得ない状況に陥っている。

　法的改正は大きな推進力となりうるが，それと併せて，働くことの意味を再確認し，柔軟な考え方と働き方でワーク・ライフ・バランスを健全に保つ取り組みが，地道ではあるが重要である。産業・組織心理学の研究は，ワーク・ライフ・バランスを健全に維持するうえで重要な役割を果たす条件を明らかにしながら，それらの条件が十全に成り立つようなマネジメントの在り方について提言を図っていく役割を担っている。

② 女性が働く機会・待遇の不公平とその改善

　日本における女性の就労環境の劣悪さは大きな社会問題となっている。関連の深い統計調査結果を概観してみよう。2018年時点で，世界経済フォーラムが，世界149か国を対象に調査を行って，経済，教育，健康，政治の4側面で男女の格差を数値化したジェンダーギャップ指数の値で，日本は110位と非常に低い順位になっている。世界水準にあるのは健康の側面のみで，その他は国際的に低水準にある。また，2017年時点で経済協力開発機構（OECD）の調査による女性就業率ランキングでは41か国中26位であり，同年，イギリスのエコノミスト誌が，女性の働きやすさを11項目の調査に基づいてランキングした結果では，29か国中28位であった。こうしたデータは，そもそも就労できている女性の比率が低いことを示している。

　さらには，グラントソントン国際会計事務所が発行している Woman in Business レポートの2017年版には，世界各国の女性管理職率が報告されており，日本は調査対象国中ワーストの7％であったことが示されている。ロシアの47％，インドネシアの46％，エストニアの40％等と比較すると極端に低い。ちなみに日本の次に女性管理職比率の低い国はアルゼンチンであるが，それでも15％で日本の倍以上である。

　行政としては配偶者控除に関する税制改革を行ったり，男性の育児休暇取得を奨励したりしてはいるが，女性がフルに働く環境整備にはまだまだ課題が多い。働きたくても子どもを安心して預けることのできる保育施設の数が足りないことや，パートタイマーやアルバイトとしての雇用がほとんどで十分な待遇は得にくいこと，夫婦共働きの場合，家事や育児の負担は女性に重くのしかかり，男性の協力が得られにくいことなど，難問山積といった状態にある。

　これらの物理的，経済的問題に加えて，「男性は外で働き，女性は家

庭を守ることがあるべき姿である」と考える社会的風潮が根強く継承されている影響も見逃せない。個人レベルで意見を聞くと「私は仕事も家庭も男女で平等に負担することが良いと考える」と答える男性は多いのに，社会全体としては，いつまでも男性中心で女性の働く機会を抑制する状況が継続してしまっているのが現実である。例えば，内閣府男女共同参画局（2018）によれば，日本における男性の育児休暇の取得率は5.14％（女性は83.2％）であり90％近くの男性が育児休暇を取得するスウェーデンとは明瞭な差がある。内閣府は「さんきゅうパパプロジェクト」を展開する等，男性の育児休暇取得を奨励し続けているが，日本人男性の育児休暇取得率は低迷したままである。

　その理由のひとつに，休むことで職場の同僚に迷惑がかかったり，昇任が遅れたりすることを懸念する心理が強く働くことが挙げられる。さらには，思いがけないことだが，「自分は育休取得を肯定し是認しているけれど，それは自分だけで，職場のほとんどの人は否定的にとらえているだろう」と勝手に推測してしまい，その周囲との調和的な関係を壊すよりも，自分が我慢すればよいと考えて，育休取得を控える場合も多い（Miyajima and Yamaguchi，2017）。

　個人レベルでは育休取得に肯定的な男性たちが，職場の周囲の人々の思いを誤って推測してしまうために，一人ひとりの思いとは裏腹な行動をみんなが選択してしまって，いつまでも育休取得という新しい選択ができないまま旧態依然とした状況が繰り返されている側面もある。こうした現象は，「多元的無知」あるいは「沈黙のらせん」と呼ばれる社会心理学的現象である。この現象から抜け出すには，組織の各メンバーが本心で思っていることを情報共有できるようなマネジメントを工夫して，誤った推測や憶測に基づく不本意な行動を選択する可能性を低減する取り組みが大切である。

（2）組織の社会的責任を果たす取り組み

① 組織の社会的責任とは

　企業の社会的責任（corporate social responsibility；以下，CSR）と表現されることが多いが，企業だけでなく行政や医療，教育，福祉に携わる組織全般に対しても当てはまる概念である。CSRは，企業における営利の追求のように，組織の目標達成を追求することばかりに専念するのではなく，組織活動が社会に与える影響に責任を持ち，組織自らの永続性とともに，社会の一員として持続可能な未来を共に築いていくことに取り組む責任を意味する。

　かつて日本では，企業の営利追求と希薄な社会的責任感が相まって，光化学スモッグの発生や，河川・海の汚染など，さまざまな公害が発生し，一般市民が苦しんだ時期があった。現在では，企業活動に関連する利害関係者に対して，的確に説明責任を果たすことが当然であり，それが組織の社会的責任の基本的な概念であると言える。環境や社会全般に対する責任だけでなく，従業員の人権を尊重し，守る責任，消費者に対する品質を守る責任，賄賂や強要によって自己利益を追求する腐敗行為を防止する責任等，CSRの取り組みは多様な側面に広がりを見せている。

　我が国の場合，CSRに関しては，組織の持続的発展ばかりに関心が集まり，利益を確保した後に，慈善活動等による社会還元を意味する概念として認識される時期が長きにわたって続いてきた。組織が資金を提供して文化・芸術活動を支援するメセナ活動は，その代表的な取り組みと言える。より広範な概念として認識されつつある近年では，地球環境の保護，コンプライアンスの取り組みも重視されるようになっている。

② 組織コンプライアンスの取り組み

　コンプライアンス（compliance）は，法令遵守と訳されることが多い

が，単に法律を守るというよりは，社会的な要請に応えることという意味合いの方が強い（郷原・元榮，2009）。たとえ，法律に反していなくても，社会的な道義や規範に反する行為をとれば，その企業ではコンプライアンスが適切になされているとは言えないことになる。例えば，顧客にクレームを言われて腹が立ち，居酒屋で同僚相手に顧客の悪口を放談したり，SNSでインターネットに書き込んだりする行為は，コンプライアンスに反するものとなる。気持ちは分かるし，法的には軽微な逸脱かもしれないが，倫理的には問題がある。他にも，業務上知り得た顧客の個人情報を，本人の同意を得ることなく，同じ職場の同僚に教えたりすることも問題になる。あくまでも社会，あるいは世間の人々は組織に何を期待しているかをよく考えて判断し行動することがコンプライアンスの根幹である。

　コンプライアンスに関連する課題としては，近年，とりわけハラスメント問題への関心が高くなっている。ハラスメント問題の難しさは，加害者の側に，加害意識が希薄である点にある。被害者にとっては非常に不愉快で強いストレスを感じているのに，加害者の側は，それに気づいていなかったり，これくらいのことは我慢して当たり前といった態度をとったりしがちである。職位の上位者が部下に対してとる言動は，その役割を果たすために，否定的な内容を含む，いわゆるダメ出しになる場合も多く，パワーハラスメントに発展しやすい。感情的にならず，相手の話を聞きながら，自分の意見の押しつけにならないように言動をとることが重要になる。組織では多様な人々が働いており，性的な嫌がらせのセクシャル・ハラスメントや，人格を否定するような陰口や悪口を言ったり，のけ者にしたりするモラル・ハラスメントも発生しやすい。

　従業員の人権を守ることは，コンプライアンスの中核的課題であり，CSRをしっかり果たしていくために，組織として，ハラスメントが起

こらないように，教育・研修を実施して，理解を深める取り組みや，ハ
ラスメントを受けた者が，不当な不利益を被ることなく訴えることので
きる制度を構築すること等が求められる。

　ただ，そうした制度を整えても，被害者にとって訴え出ることは少な
からずためらいを覚えるものであることは，心理学の研究で明らかにさ
れてきている（佐野・宗方，1999；小西・金子・大塚，2018）。コンプ
ライアンスを形式的で表面的なものに終わらせないためには，いかにす
ればためらいを克服できるのか，職場の人間関係と対人行動の特性を明
らかにしつつ，マネジメントによる働きかけの効果を検討する取り組み
の蓄積が課題となっている。

③　事故や不祥事が発生した場合の対応

　CSR の重要な課題として見過ごせないものに，事故や不祥事を起こ
してしまった際の，組織としての社会への対応が挙げられる。事故や不
祥事を起こした責任を組織としてどのようにとるのか，その姿勢を社会
の人々は評価するのであり，組織に対する社会からの期待や要請に的確
に応える対応が必要となる。事故や不祥事の発生に際して，どのように
社会に対して説明するのかという課題に対して，リスク・マネジメント
の技法への関心が先行しがちである。しかし，基本的には，被害に対す
る誠実な謝罪と適切な賠償，そして同じ事故や不祥事の再発防止のため
の的確な施策実施が，CSR の基盤として重要である。賠償や再発防止
については検討する時間があり，また法的な基準もあるために適切に行
われることが多い。それらに対して，謝罪は，組織の対応として難しい
側面を含むことも多い。

　謝罪に際しては，知らず知らずのうちに弁解や正当化のコミュニケー
ションに陥ってしまうことがある。事故や不祥事を起こしたことに対し
て責任は感じつつも，組織を守るために少しでも損害や信用失墜を小さ

く食い止めたいという，組織利益を優先する態度が無自覚のうちに言動に表れて，謝罪のためのコミュニケーションを，弁解や正当化，場合によっては否認を行うコミュニケーションへと変容させてしまうことがあるのである。大渕（2010，2015）は，社会心理学的な研究成果に基づき，誠実な謝罪であると社会が認知するためには，事故や不祥事を起こしてしまった行為の不当性を認め，悔やみ反省していることを述べたうえで，責任を認め，被害を与えた相手への労りと配慮を示し，二度と同じことを繰り返さないことを誓うことが必要であると指摘している。

　組織として失敗やミスを認めることは非常に勇気を必要とするものである。特に法的な責任を問われる可能性がある場合には，そのことを理由として，謝罪や説明を行わない組織もあるほどである。しかし，法的責任と社会的責任は，関連はあっても異なるものである。社会的責任は社会を構成する人々の認知の在り方によって決まるため，いかなる対応をすることが社会の承認を得て，責任を果たすことになるのか，組織にも社会にも双方に有益な謝罪の在り方について，実践的に通用する科学的知見を蓄積していくことが産業・組織心理学の研究課題である。

2.　これからの社会と産業・組織心理学

（1）少子高齢化社会

①　多種多様な特性を持つ人々が働く職場のマネジメント

　少子高齢化は，避けられない現実である。年金制度の崩壊や医療費の高騰，経済成長率の低迷等，多様な側面で社会に課題を突きつけるものでもある。産業と組織経営の現場では，労働力の不足はすでに始まっている問題である。この問題を解決する方策のひとつとして，女性の就労を促進する政策もとられている。しかし，上述したように，保育所の完

備等の育児環境の改善が進まないことや，女性の昇任や待遇が不利であること等の要因によって，思うような成果を上げるには至っていない。

　不足する労働力を補充する施策としては，外国人の就労の促進策も検討が進んでいる。出入国管理法の改正案によって，人手不足の分野で一定の技能を持つ人を対象に新たに「特定技能」による在留資格を認めることになった。就労世代の人口が今後も構造的に減少し続けることが確かな日本社会では，さらに外国人の就労の門戸が広がる可能性がある。

　外国人と共に働く職場では，生まれ育った文化的価値観や社会的背景が多種多様の人々が，組織目標の達成に向けて，コミュニケーションを取り合い，協同していくことになる。かつて，帰国子女の学校不適応や，日系２世・３世の外国人労働者の受け入れの際に，異文化摩擦の問題が注目されたが，同様の問題が，組織の現場でも発生する可能性が高い。自分にとって当然であり常識であることが，相手にとっての不自然や非常識である状況は強いストレスをもたらす環境であり，適切な組織マネジメントが課題となる。

　職場の多様性は，外国人労働者の増加のみならず，シルバー人材の活用による高齢の労働者の増加によっても促進される。また，障害者雇用促進法の適用が強化され，心身に障害を抱える人々も一緒に働くことが当然の社会の実現に向けた取り組みが進んでいる。その他にも，信仰する宗教の戒律によって食事や着衣に決まりがある人々と一緒に働く機会も珍しくなくなっていくだろう。多数者の価値観や規範を一律に押しつけるのではなく，少数者の価値観や規範も理解し尊重しあって協同していく多様性の時代の組織マネジメントの在り方を検討する取り組みは，産業・組織心理学のこれからの大きな課題と言えるだろう。

② 組織における技能や知恵の継承

　日本の経済は1990年代のバブル経済崩壊後の挫折以来，失われた四半世紀とも呼ばれる低迷期を過ごしてきた。この間，組織を存続させるために，リストラと呼ばれた解雇による人員削減の他，アウトソーシングと呼ぶ契約社員や派遣社員といった非正規の雇用形態を拡大したり，新規採用人事を縮小したり見送ったりしてきた。その結果，ベテランの高年齢層が多く，その後，中堅層以下は急激に減少する，いわゆるワイングラス・カーブを描く形の年齢別人員構成となっている組織が多くなっている。

　ここで問題なのが，ベテランが経験し蓄積してきた技能や知恵を伝える相手が少ないことである。ベテランの経験に基づく技能や知恵には，言語化しただけでは伝わりにくいイメージや感覚も多分に含まれている。ベテランと若手が共に職務を遂行し，その過程でさまざまな対話やコミュニケーションを通して，組織の中で，技能や知恵が継承されていくことは，組織の持続可能性を高めるための最重要課題のひとつである。

　組織を目的達成のためにデザインされた機械のようにとらえる視点のもとでは，その中で働く人々を機械の歯車のようにみなしてしまう傾向がつきまとう。組織は，変動していく社会に適応しつつ，時代を超えて存続していくことのできる存在としてとらえれば，その中で働く人々は職務を通じて，経験し，学ぶ存在であり，その学んだ財産は次の世代に伝え，継承させていくことが大切であることは自明のことであろう。

　ベテランを去りゆく老兵としてのみ扱うのではなく，これからの時代を切り開くための技能と知恵を若手に授ける伝道師としてとらえ，敬意を持って遇する人的資源管理のマネジメントの在り方を検討することもこれからの産業・組織心理学の重要な研究課題と言えるだろう。

（２）仮想現実と物理的現実が融合する社会（Society5.0）

① Society5.0の実現と働き方の変化

　内閣府によれば，Society5.0（ソサエテイ5.0）とは，IoT（Internet of Things），ロボット，人工知能（AI），ビッグデータ等の新たな技術をあらゆる産業や社会生活に取り入れてイノベーションを創出し，一人ひとりのニーズに合わせる形で社会的課題を解決する新たな社会のことを意味している。ロボットや人工知能の発展はめざましく，生活の多様な局面で，人間が対応してきたことを機械によって対応することができるようになっている。また，ディープ・ラーニング機能の充実によって，ユーザーの特性に合わせた対応を学習するため，円滑な業務遂行を可能にしている。

　便利さが飛躍的に高まることと引き換えに問題視されるのが，人間の働く仕事がなくなってしまうのではないかという懸念である。フライ，C.B.とオズボーン，M.A.（Frey and Osborne, 2017）は，数理統計学のガウス過程モデルを援用した精緻な予測計算式に基づいて，702の職業を対象に，将来，コンピュータ化が可能となる確率を算出した。それによると，図書館司書や旅行代理業者，保険の審査担当者など12職種は99％の確率でコンピュータ化されると予測された。その他の職業でも，50％以上の確率でコンピュータ化されると予測される職種が実に404にのぼっている。逆にコンピュータ化される確率が5％未満と予測された職種は139で，中でも，整備士・修理業の最前線監督者，緊急時管理責任者はコンピュータ化される確率が0.3％と低く予測されている。

　定型的な部分が多い職種ほど，将来的にはコンピュータ化される確率は高い。そうした職種はコンピュータに任さざるをえないとして，人間はいかなる形で働くとよいのだろうか。18世紀後半に起こった産業革命によって，それまでの職人の手工業中心社会から，機械による大量生産

社会に推移した時にも，似たような変化はあったと推測される。定型的で計算中心の仕事をコンピュータに委ねるならば，人間は創造性で勝負できる仕事に力を注ぐことになるかもしれない。こうした視点は，キャリア・デザインやキャリア開発，人材育成等の領域の研究課題であり，実践的対応課題でもあって，重要なテーマとなることが考えられる。

② 　ビッグデータ活用とネットワーク化による共有化

　ビッグデータの活用は，消費者行動の領域でめざましい発展と問題解決につながっている。今後は，消費活動のみならず，人間の五感や行動，脳の活動等も，ビッグデータとして扱うことで，これまでにない発展が期待される。すでに，人間の触覚をビッグデータ計算学に基づいて解析し，ものに触れたときの感覚を，音楽の楽譜のように視覚化する「触譜」の研究が進み，効果的なマッサージを機器で再現する取り組みも行われている（鈴木・渡邊・鈴木，2013；鈴木，2018）。

　さらには，ビッグデータ活用技術は，モノのインターネットであるIoTとつながることで，ネットワークを介して知的能力や身体能力，認知能力を結合し，相互拡張することも可能にする取り組みが進んでいる（暦本，2018）。例えば，自分の運動している様子を，まるで自分自身を離れて上空から観察しているかのようにリアルタイムで確認しながら，改善を図ることも可能になる技術で，ヒューマン・オーグメンテーションと呼ばれる。現在はIoT（モノのインターネット）であるが，将来は，IoA（Internet of ability：能力のインターネット）の時代が展望されている。

　そうした技術革新の中で人間の心理と行動はどのように変化し，適応していくのか，そして，どのように組織環境，労務環境を整えることが安心して安全に，生き生きと働き，生活することにつながるのか，産業・組織心理学で検討されるテーマは，一層多様に広がりつつあると言

えるだろう。

引用文献

Frey, C.B., & Osborne, M.A.（2017）．The future of employment：How susceptible are jobs to computerisation?. *Technological Forecasting and Social Change, 114*, 254-280.

郷原信郎・元榮太一郎（2009）．初級ビジネスコンプライアンス―「社会的要請への適応」から事例研究まで　東洋経済新聞社

Grand Thornton.（2017）．Woman in business 2017.

Kanai, A.（2009）．"Karoshi（work to death）" in Japan. *Journal of Business Ethics, 84*(2), 209.

小西聖子・金子雅臣・大塚雄作（2018）．ハラスメント被害者の心理的回復　教育心理学年報, *57*, 309-328.

熊谷誠（2018）．過労死・過労自殺の現代史―働きすぎに斃れる人たち　岩波現代文庫

Miyajima, T., & Yamaguchi, H.（2017）．I want to but I won't：Pluralistic ignorance inhibits intentions to take paternity leave in Japan. *Frontiers in Psychology, 8*, 1508.

内閣府男女共同参画局（2018）．共同参画（平成30年6月号）

大渕憲一（2010）．謝罪の研究：釈明の心理とはたらき　東北大学出版会

大渕憲一（2015）．失敗しない謝り方　CCCメディアハウス

Organisation for Economic Cooperation Development.（2017）．OECD Employment Outlook 2017.

暦本純一（2018）．基調講演 IoA（Intemet of Abilities）実現への挑戦, 放送の未来（技研公開　2018　講演　特集号）　NHK技研 R & D,（170), 16-31.

労働政策研究・研修機構（2018）．データブック国際労働比較

佐野幸子・宗方比佐子（1999）．職場のセクシュアル・ハラスメントに関する調査経営行動科学, *13*(2), 99-111.

鈴木理絵子・渡邊淳司・鈴木泰博（2013）．"触譜"で記述されるマッサージにおけ

る手技プリミティブのイメージ分類（〈特集〉アート＆エンタテインメント　3）日本バーチャルリアリティ学会論文誌, *18*(3), 401-404.

鈴木泰博（2018）．触譜とインフォモーション　トライボロジスト, *63*, 593-598.

The Economist.（2017）．The best and worst places to be a working woman : The Economist's glass-ceiling index measures gender equality in the labour market.

World Economic Forum.（2018）．The global gender gap report 2017.

参考文献

二神枝保・村木厚子（2017）．キャリア・マネジメントの未来図—ダイバーシティとインクルージョンの視点からの展望　八千代出版（「人はなぜ働くのか」,「キャリアをいかにデザインするとよいのか」といった視点から，特に女性や障がい者のキャリア・マネジメントの現状と課題について論じてあり，参考になる。）

古川久敬・山口裕幸（2012）．〈先取り志向〉の組織心理学—プロアクティブ行動と組織　有斐閣（これまでに経験したことのない状況や課題に直面することを見越して，将来を見通して自律的に取り組むプロアクティブ行動をとるための条件について，心理学の知見を活用しつつ検討し，そうした行動を生み出し促進する組織マネジメントの在り方について多面的に検討し論じている。）

松波晴人・平田智彦（2018）．ザ・ファースト・ペンギンズ—新しい価値を生む方法論　講談社（新商品・サービス，課題解決につながる新しい価値を発想し，それを組織の中で実現していくための実践的な方法について論じた著書で，読み進めながら，その方法論を学習していけるように書かれていて，役に立つ。）

学習課題

1. 働き方改革の中心課題であるワーク・ライフ・バランスと女性の就労促進の2点について，具体的にどのような問題が起こっていて，それを解決するためにいかなる取り組みが行われているのか説明しなさい。
2. CSRとはいかなる取り組みを指すのか，具体的に説明しなさい。また，ハラスメントを防止するために留意すべき事柄について説明しなさい。
3. 少子高齢化と密接に関連して発生する人的資源管理の問題について具体的に説明し，その解決策としてどのような取り組みが有効であると考えるか論じなさい。

索引

●配列は五十音順，＊は人名を示す。

分担執筆者紹介

柳澤　さおり （やなぎさわ・さおり）

・執筆章→ 2・3・5

1971年　福岡県に生まれる
2001年　九州大学大学院人間環境学研究科博士課程単位取得満期退学
現在　　西南学院大学人間科学部心理学科教授・博士（人間環境学）
専攻　　産業・組織心理学
主な著書　はじめて学ぶ産業・組織心理学（編著　白桃書房）
　　　　　〈先取り志向〉の組織心理学（分担執筆　有斐閣）
　　　　　産業と組織の心理学（分担執筆　サイエンス社）

池田　浩 （いけだ・ひろし）

・執筆章→ 4・6・11

1977年　佐賀県に生まれる
2006年　九州大学大学院人間環境学府博士後期課程修了
現在　　九州大学准教授・博士（心理学）
専攻　　産業・組織心理学，社会心理学
主な著書　産業と組織の心理学（編著　サイエンス社）
　　　　　〈先取り志向〉の組織心理学（分担執筆　有斐閣）
　　　　　人的資源マネジメント―「意識化」による組織能力の向上
　　　　　（分担執筆　白桃書房）
　　　　　職場のポジティブメンタルヘルス：現場で活かせる最新理
　　　　　論（分担執筆　誠信書房）

三沢　良 （みさわ・りょう）

・執筆章→7・9・10

1977年	福岡県に生まれる
2009年	九州大学大学院人間環境学府博士後期課程単位取得後退学
現在	岡山大学大学院教育学研究科准教授・博士（心理学）
専攻	社会心理学，産業・組織心理学
主な著書	産業と組織の心理学（分担執筆　サイエンス社）
	社会心理学概論（分担執筆　ナカニシヤ出版）
	はじめて学ぶ産業・組織心理学（共著　白桃書房）
	健康とくらしに役立つ心理学（分担執筆　北樹出版）
	よくわかる産業・組織心理学（分担執筆　ミネルヴァ書房）

永野　光朗 （ながの・みつろう）

・執筆章→12・13・14

1958年	大阪府に生まれる
1987年	同志社大学大学院文学研究科博士課程単位取得退学
現在	京都橘大学健康科学部心理学科教授
専攻	社会心理学，消費者行動論
主な著書	新・消費者理解のための心理学（共著　福村出版）
	心理学概論　こころの理解を社会へつなげる（共編著　ナカニシヤ出版）
	経営・ビジネス心理学（共著　ナカニシヤ出版）
	産業・組織心理学（シリーズ心理学と仕事11）（共著　北大路書房）
	産業・組織心理学への招待（有斐閣ブックス）（共著　有斐閣）
	よくわかる産業・組織心理学（共著　ミネルヴァ書房）

編著者紹介

山口　裕幸（やまぐち・ひろゆき）

・執筆章→1・8・15

1958年　鹿児島県に生まれる
1991年　九州大学大学院教育学研究科博士課程満期退学
現在　　九州大学教授・博士（教育心理学）
専攻　　社会心理学，組織心理学，集団力学
主な著書　チームワークの心理学（サイエンス社）
　　　　高業績チームはここが違う（共著　労務行政）
　　　　〈先取り志向〉の組織心理学（共編著　有斐閣）
　　　　経営とワークライフに生かす産業・組織心理学（共編著
　　　　有斐閣）
　　　　コンピテンシーとチームマネジメント（編著　朝倉書店）
　　　　よくわかる産業・組織心理学（共編著　ミネルヴァ書房）
　　　　組織と職場の社会心理学（ちとせプレス）

放送大学教材　1529420-1-2011（ラジオ）

産業・組織心理学

発　行　　2020年3月20日　第1刷
　　　　　2023年1月20日　第3刷
編著者　　山口裕幸
発行所　　一般財団法人　放送大学教育振興会
　　　　　〒105-0001　東京都港区虎ノ門1-14-1　郵政福祉琴平ビル
　　　　　電話　03（3502）2750

Printed in Japan　ISBN978-4-595-32180-1　C1331